Friedrich Schweitzer / Sara Haen / Evelyn Krimmer

Elementarisierung 2.0

Religionsunterricht vorbereiten nach dem
Elementarisierungsmodell

Vandenhoeck & Ruprecht

Bibliografische Information der Deutschen Nationalbibliothek:
Die Deutsche Nationalbibliothek verzeichnet diese Publikation in der
Deutschen Nationalbibliografie; detaillierte bibliografische Daten sind
im Internet über http://dnb.de abrufbar.

© 2019, Vandenhoeck & Ruprecht GmbH & Co. KG, Theaterstraße 13, D-37073 Göttingen
Alle Rechte vorbehalten. Das Werk und seine Teile sind urheberrechtlich
geschützt. Jede Verwertung in anderen als den gesetzlich zugelassenen Fällen
bedarf der vorherigen schriftlichen Einwilligung des Verlages.

Umschlagabbildung: © Walter Christ/Adobe Stock

Satz: SchwabScantechnik, Göttingen
Druck und Bindung: ✠ Hubert & Co. BuchPartner, Göttingen
Printed in the EU

Vandenhoeck & Ruprecht Verlage | www.vandenhoeck-ruprecht-verlage.com

ISBN 978-3-525-70266-6

Inhalt

Einleitung 7

I. Das Modell der Elementarisierung 11
1. Einführende Darstellung 12
2. Aktuelle Weiterentwicklungen: Konstruktivistische Lerntheorien – Kompetenzerwerb – empirische Unterrichtsforschung 21
3. Hintergründe: Herkunft und Intention des Modells 28

II. Religionsunterricht vorbereiten als Aufgabe der Elementarisierung 35
1. Zehn Schritte der Planung von Unterricht – am Beispiel »Menschenwürde und Menschenrechte« (Klasse 9/10) 36
2. Die Dimensionen der Elementarisierung und die Artikulation von Unterricht 49
3. Praktische Hinweise und Erschließungsfragen für Einsteigerinnen und Einsteiger 53

III. Konkretion: Beispiele für den Unterricht 59
1. »Gott hat die Welt geschaffen« – Aber das kann man doch gar nicht glauben! (Klasse 5/6) 60
2. »Abraham« – Geschichten von Aufbruch und Vertrauen auf Gott (Grundschule) 71
3. Wer war Jesus wirklich? – Christologie-Didaktik als notwendiges Wagnis (Oberstufe) 82
4. Das Gleichnis vom Barmherzigen Samariter – Nächstenliebe als didaktische Herausforderung (Klasse 5/6) 94
5. Reformation als Mythos? – Historisch-kritische Erkenntnisse und die Anforderungen unterrichtlicher Elementarisierung (Klasse 8) 107

6. Welcher Gott ist der richtige? – Interreligiöses Lernen am
   Beispiel Islam (Klasse 7/8) 118
7. Migration und Religion – Anderen zu begegnen heißt, Anderes zu
   lehren und zu lernen (Oberstufe) 130
8. Gibt es ein Leben nach dem Tod? – Zum Umgang mit Jenseitsvorstellungen (Klasse 9/10) 143

Einleitung

Dieses kleine Buch bietet einen Leitfaden für die Vorbereitung und Gestaltung von Religionsunterricht nach dem Elementarisierungsmodell. Dabei soll es nicht nur eine Hilfe für diejenigen bieten, die im Studium oder Referendariat vor der Aufgabe stehen, Religionsunterricht vorzubereiten, sondern alle Religionslehrkräfte dazu motivieren, sich immer wieder neu auf (Unterrichts-)Themen einzulassen und diese zu durchdenken. Grundlegend geht es also um die Frage, wie eine gelungene Unterrichtsvorbereitung aussehen kann, um »guten Religionsunterricht« und damit um mehr Unterrichtsqualität.

Wie kaum ein anderes religionsdidaktisches Modell hat der Elementarisierungsansatz weithin Akzeptanz erfahren. Jenseits der Kontroversen etwa über unterschiedliche Modelle von Religionsunterricht oder auch die sogenannten religionsdidaktischen Konzeptionen wird auf diesen Ansatz zurückgegriffen. Das gilt ebenso für die evangelische wie für die katholische Religionsdidaktik. Dabei wurden und werden mitunter zusätzliche Akzentuierungen vorgenommen und Erweiterungen eingeführt, aber es bleibt doch erkennbar, dass der im vorliegenden Band dargestellte Elementarisierungsansatz heute als grundlegend angesehene Erwartungen an den Religionsunterricht aufnimmt. Zumindest in der Praxis von Ausbildung und Fortbildung hat sich dieser Ansatz über einen für die Religionsdidaktik ausgesprochen langen Zeitraum hinweg bewährt.

Dabei gehört der Religionsunterricht zu den Fächern der Schule, bei denen es ganz besonders auf eine erfahrungsbezogene und für die Schülerinnen und Schüler lebensbedeutsame Erschließung von Inhalten ankommt. Zugleich fällt genau dies in der Unterrichtspraxis nicht immer leicht: Es bedarf eigener Bemühungen darum, Lehr- und Lernprozesse so zu gestalten, dass sie den Zielen »guten Religionsunterrichts« gerecht werden.

Zudem haben sich die Voraussetzungen professioneller Unterrichtsvorbereitung deutlich verändert. Anders als noch vor einigen Jahren steht die Unterrichtsvorbereitung oder -planung heute von vornherein auch im Horizont der empirischen Unterrichtsforschung. Gute Ideen und kreative Impulse von Lehrkräften sind nach wie vor gefragt, aber verlangt wird darüber hinaus – wo immer möglich – auch der Nachweis, dass mit einer entsprechenden Wirksamkeit des geplanten Unterrichts gerechnet werden kann. Neben Untersuchungen aus der allgemeinen Unterrichtsforschung kann dafür zumindest ansatzweise inzwischen auch auf eine religionsdidaktische Forschung zurückgegriffen werden, bei der bestimmte didaktische Strategien sowie Formen von Unterricht empirisch auf die Probe gestellt werden. Deshalb ist nun jeweils ausdrücklich zu fragen: Lassen die empirischen Befunde erkennen, dass die erwarteten Ziele im Unterricht tatsächlich erreicht werden? Welche didaktischen Strategien eignen sich im Blick auf bestimmte Zielsetzungen mehr als andere? Die religionsdidaktische Unterrichtsforschung ist allerdings noch weit davon entfernt, solche Fragen auch nur für die wichtigsten Themenbereiche verlässlich beantworten zu können. Insofern geht es in dieser Hinsicht noch um Zukunftsperspektiven, die aber doch auch jetzt schon immer stärker berücksichtigt werden sollten. Wo bereits entsprechende Befunde vorliegen, dürfen sie auch bei der Planung von Unterricht nicht außer Acht gelassen werden. Auf jeden Fall aber müssen und können die verfügbaren Untersuchungen zu den Lernvoraussetzungen der Schülerinnen und Schüler konsequent beachtet werden, so wie dies in den exemplarischen Entfaltungen in diesem Band durchweg angegangen wird.

Dieses Buch trägt den Titel »Elementarisierung 2.0«. Damit ist kein spezieller Bezug auf die Digitalisierung gemeint, sondern es soll zum Ausdruck gebracht werden, wie sich dieser Band zur bisherigen Elementarisierungsdiskussion verhält. Zum einen wird der Elementarisierungsansatz ganz allgemein auf dem neuesten Stand seiner Entwicklung dargeboten. Zum anderen geht es um eine Reihe wichtiger Neuerungen, die im vorliegenden Band in zusammenhängender Weise aufgenommen werden:

- Von Anfang an lebte und lebt der Elementarisierungsansatz von einer konsequenten Berücksichtigung der Kinder- und Jugendforschung, insbesondere im Blick auf die religiöse Entwicklung im Kindes- und Jugendalter. Heute sind dazu neue Befunde und Sichtweisen verfügbar, die nun in den Elementarisierungsansatz integriert werden.
- Schon früh wurde zudem der Versuch unternommen, den Elementarisierungsansatz durch empirische Unterrichtsforschung zu stützen und weiterzuentwickeln. Die in den letzten Jahren und Jahrzehnten ganz allgemein in Gang gekommene empirische Bildungsforschung bietet dazu neue Impulse, die nicht zuletzt in Gestalt einer empirisch-fachdidaktischen bzw. religionsdidaktischen Unterrichtsforschung rezipiert werden. Auch darauf ist der hier dargestellte Elementarisierungsansatz von Anfang an eingestellt.

- Die mit der empirischen Bildungsforschung verbundene Kompetenzorientierung von Unterricht, die inzwischen für alle Bildungspläne in Deutschland kennzeichnend ist, muss auch bei der Planung von Unterricht berücksichtigt werden. In der vorliegenden Darstellung wird Unterricht nach dem Elementarisierungsmodell als Weg zum Kompetenzerwerb verstanden.
- Bezog sich der Elementarisierungsansatz ursprünglich vor allem auf biblische Themen, so ist schon seit einiger Zeit die Ausweitung dieses Ansatzes zu einem allgemeinen religionsdidaktischen Modell bestimmend, das nicht nur für bestimmte Themenbereiche gelten soll. Dieser Weg wird im vorliegenden Band konsequent weiterverfolgt, indem ein breiter Umkreis thematischer Beispiele zu verschiedenen Schulstufen berücksichtigt wird – biblische Themen, geschichtliche Themen, ethische Themen, interreligiöse Themen.
- Über frühere Darstellungen hinaus wir der Elementarisierungsansatz im Folgenden auch ausdrücklich auf die Aufgabe der Artikulation von Unterricht bezogen. Das macht ihn im Blick auf die Vorbereitung von Religionsunterricht noch besser handhabbar.
- Spezielle Hinweise für Einsteigerinnen und Einsteiger, die noch wenig Erfahrung mit der Vorbereitung von Unterricht haben, sollen das Arbeiten mit dem Elementarisierungsansatz weiter erleichtern.

Insgesamt sind in die Darstellung Erfahrungen aus mehr als 20 Jahren Arbeit mit diesem Ansatz in der Praxis von Ausbildung und Schule eingegangen. Darüber hinaus wurde versucht, auch kritische Impulse zu integrieren, wie sie von Kolleginnen und Kollegen entwickelt wurden, etwa im Blick auf die konstruktivistische Didaktik, die Kinder- und Jugendtheologie oder auch die Bedeutung neuer Medien. Um den Charakter eines Leitfadens für die Praxis aber nicht doch wieder durch eine breite wissenschaftliche Diskussion infrage zu stellen, wurde die Zahl der Literaturhinweise stark eingeschränkt. Somit steht auch in dieser Hinsicht die praxisorientierte Darstellung im Vordergrund, die bewusst auf die konkrete Unterrichtsvorbereitung zielt. Entsprechend werden auch Formulierungen oder Abschnitte, die aus eigenen früheren Veröffentlichungen zum Modell der Elementarisierung stammen, nicht in jedem Falle gekennzeichnet.

Die in Teil III ausgeführten exemplarischen elementaren Erschließungen zu einzelnen Themen sind so angelegt, dass sie jeweils eine oder auch zwei der Elementarisierungsdimensionen besonders ausführlich entfalten. Sie sind immer mit Blick auf eine bestimmte Klassen- oder Kursstufe verfasst, die zu Beginn des jeweiligen Kapitels ausgewiesen wird – vom Grundschulreligionsunterricht bis hin zur Gymnasialen Oberstufe. Selbstverständlich lassen sich die inhaltlichen Erschließungen aber auch auf andere Klassenstufen übertragen.

Um eine bundesweite Nutzbarkeit des Bandes zu gewährleisten, wurde bei allen Themen ein breiter Bestand an Bildungsplänen konsultiert (besonders Baden-Württemberg, Bayern, Hessen, Niedersachsen, Nordrhein-Westfalen, Sachsen). Da die jeweils aktuellen Bildungspläne mit einer einfachen Suche im Internet zu finden sind, wird in diesem Band darauf verzichtet, jeweils die URL anzugeben.

Wenn dieses Buch seinen Platz in der Ausbildung und Fortbildung von Religionslehrkräften findet, ist sein erstes Ziel erreicht. Dass damit auch das zweite Ziel – die Sicherung »guten Religionsunterrichts« – verbunden sein könnte, bleibt freilich die gewichtigere Hoffnung.

I. Das Modell der Elementarisierung

1. Einführende Darstellung

Das Elementarisierungsmodell ist einerseits komplex und andererseits sehr einprägsam. Seine Einprägsamkeit bezieht sich vor allem auf die fünf Dimensionen der Elementarisierung, in denen es seine Arbeitsform für die Planung und Gestaltung von Unterricht gewinnt. Diese Dimensionen sollen in dieser einführenden Übersicht vorgestellt werden. Jede dieser Dimensionen lässt sich auch als ein Arbeitsschritt verstehen, dem eine bestimmte (fach-)didaktische Funktion zukommt. Die Abfolge der Schritte liegt dabei nicht fest, sondern kann je nach Thema variieren.

Übergreifend ist festzuhalten, dass Elementarisierung ein religionsdidaktisches Modell für die Vorbereitung und Gestaltung von (Religions-)Unterricht bezeichnet, das eine Konzentration auf pädagogisch elementare – also von den Inhalten ebenso wie von den Kindern und Jugendlichen (oder Erwachsenen) her grundlegend bedeutsame und für sie zugängliche – Lernvollzüge unterstützen soll.

Damit ist bereits auf die grundsätzliche didaktische Ausrichtung des Modells verwiesen: Es soll helfen, eine Brücke zwischen Inhalten und den Lernenden zu schlagen, sodass sich ein Inhalt als Thema für die Fragen, Interessen und Orientierungsbedürfnisse von Kindern und Jugendlichen erschließen kann. Dies gilt im Religionsunterricht in jeweils abgewandelter Form ebenso für die biblisch-christliche Überlieferung wie für Themen aus der eigenen Gegenwart.

1.1 Elementare Strukturen

Zumindest im weitesten Sinne gibt es Unterricht nur, wenn dabei bestimmte Inhalte bearbeitet werden. Insofern leuchtet es ein, dass Schulfächer immer auf bestimmte Wissenschaften bezogen sind. Die Schule soll die Welt nicht einfach im Sinne alltäglicher Wahrnehmungen erschließen, sondern auf dem Niveau der jeweils bewährtesten Erkenntnisse.

Eine zentrale Aufgabe der Unterrichtsvorbereitung besteht deshalb immer darin, dass sich die Unterrichtenden mit den entsprechenden Sachverhalten vertraut machen. Dazu müssen sie auf diejenige wissenschaftliche Disziplin zurückgreifen, die die Bezugswissenschaft zu ihrem Schulfach darstellt, aber – je nach Thema – auch auf andere Wissenschaften. Im Religionsunterricht müssen die elementaren Strukturen deshalb vor allem mithilfe der Theologie geklärt werden, aber auch der Philologie, der Geschichtswissenschaft, der Philosophie, der Human- und Sozialwissenschaften, der Religionswissenschaft u.a.m.

Zu einer didaktischen Aufgabe wird die Klärung elementarer Strukturen aber erst dadurch, dass schon bei diesem Schritt der Unterrichtsvorbereitung eine bestimmte Lerngruppe vor Augen steht. Denn jede fachwissenschaftliche Klärung von Sachverhalten begegnet dem Problem, dass es immer weit mehr Erkenntnisse gibt, als in einer Unterrichtsstunde oder auch in einer Unterrichtseinheit aufgenommen werden können. Auswahl und Konzentration sind deshalb unverzichtbar, und sie sollen von einer Reflexion auf die Lernvoraussetzungen und -möglichkeiten der Lerngruppe gesteuert sein. Denkt man beispielsweise an einen Text wie das erste Kapitel der Bibel, so liegt unmittelbar auf der Hand, wie viele Fragen sich von diesem Text her stellen lassen.[1] Es geht natürlich als erstes um das Verständnis von Schöpfung, aber eben auch um Weltbilder und Gottesbilder, um Menschenbilder sowie speziell um Mann und Frau; daneben spielen aber auch Themenkomplexe wie Pflanzen und Tiere, Himmel und Erde, Wasser und vieles andere eine Rolle. Und damit ist die Auslegungs- sowie die Wirkungsgeschichte dieses Textes noch nicht einmal angesprochen. Eine Auswahl ist also unerlässlich.

Auch die Lehrperson ist bei der Sachklärung immer wieder aufs Neue gefragt, am eigenen Erkenntnisgewinn zu arbeiten. Denn das Elementarisierungsmodell würde missverstanden, wenn sich die Unterrichtenden beispielsweise im Falle des Grundschulreligionsunterrichts bei der Klärung elementarer Strukturen von vornherein auf das beschränken wollten, wonach die Kinder vielleicht fragen. Gerade bei der Sachklärung muss die Lehrkraft zu einer für sie selbst persönlich tragfähigen Sicht gelangen. Wie sehe ich und wie verstehe ich Schöpfung? Wie kann ich Gott als Schöpfer begreifen? Wie steht es um meinen Glauben an Gott als den »Schöpfer des Himmels und der Erde«?

Ein konzentriertes Ergebnis dieses Arbeitsschrittes sollte darin bestehen, in eigenen Worten formulieren zu können, worum es im Kern bei einem Text oder Thema geht – und zwar im Blick auf eine bestimmte Lerngruppe.

1.2 Elementare Zugänge

Schon bei den elementaren Strukturen ist deutlich geworden, dass es der Didaktik immer um eine auf Schülerinnen und Schüler bezogene Erschließung von Inhalten geht. Dafür haben sich in der didaktischen Tradition zwei Fragehinsichten herausgebildet, die nicht ohne Weiteres trennscharf und die auch in sich selbst differenzierungsbedürftig sind: einerseits der Alters- oder Entwicklungsbezug, andererseits der Erfahrungsbezug. Auf die erste Fragehinsicht soll in diesem Abschnitt eingegangen werden, auf die zweite dann im nächsten Abschnitt zu den elementaren Erfahrungen.

---

1 Vgl. dazu auch unten, S. 60 ff.

Grundsätzlich kann zwischen Kindern, Jugendlichen und Erwachsenen mit ihren je spezifischen Formen des Denkens und Verstehens unterschieden werden. Doch hat sich das Lebensalter allein als wenig aussagekräftig erwiesen: Was sich manchen Kindern schon leicht erschließt, bleibt einem Teil der Jugendlichen oder Erwachsenen verschlossen. Die neuere Entwicklungspsychologie hat sich deshalb immer mehr vom Lebensalter als Ausgangspunkt für Charakterisierungen von Kindern und Jugendlichen gelöst.[2] Stattdessen fragt sie nach Entwicklungsständen, nach altersunabhängigen Entwicklungsstufen oder einfach nach der Ausprägung von Fähigkeiten und Fertigkeiten. Seit einiger Zeit kommt dazu noch der Hinweis auf domänenspezifische Entwicklungen, d. h. es wird berücksichtigt, dass Kinder beispielsweise in ihrem mathematischen Denken schon weit vorangeschritten sein können, während sie mit religiösen Fragen oder Texten noch kaum umgehen können.[3] Dies wird besonders auf sozialisationsbedingte bereichsspezifische Vertrautheiten zurückgeführt, die von Kind zu Kind variieren.

Entscheidend für die Planung und Gestaltung von Unterricht ist nach heutiger religionsdidaktischer Auffassung aber die Einsicht, die sich ebenso auf die Entwicklungspsychologie wie auf die konstruktivistische (Religions-)Didaktik stützen kann: Kinder und Jugendliche erschließen sich bestimmte Sachverhalte oder die Welt im Allgemeinen jeweils auf ihre eigene Art und Weise. Sie sind dabei als aktive Subjekte tätig, die man auch nicht einfach belehren kann. Unterricht ist in dieser Sicht die Ermöglichung von Welterschließungsprozessen durch Kinder und Jugendliche, indem er dafür anregende Impulse, Erfahrungen und Erkenntnisse bereitstellt oder bereits Gelerntes korrigiert, erweitert oder manchmal auch irritierend hinterfragt.[4]

In religionsdidaktischer Hinsicht sind für die Beschreibung der elementaren Zugänge besonders entwicklungspsychologische Modelle bedeutsam geworden, vor allem aus der Psychoanalyse (Erik H. Erikson) und der Kognitionspsychologie (James W. Fowler, Fritz Oser) sowie aktuelle Weiterentwicklungen in beiden Bereichen.[5] Mitunter wird das elementarisierungsdidaktische Anliegen

---

2   Vgl. Friedrich Schweitzer, Lebensgeschichte und Religion. Religiöse Entwicklung und Erziehung im Kindes- und Jugendalter, Gütersloh ^{8}2016.
3   Im religionspädagogischen Bereich vgl. dazu: Gerhard Büttner/Veit-Jakobus Dieterich (Hg.), Entwicklungspsychologie in der Religionspädagogik, Göttingen ^{2}2016.
4   Vgl. dazu bspw.: Hans Mendl, Konstruktivistische Religionspädagogik. In: Bernhard Grümme/Hartmut Lenhard/Manfred L. Pirner (Hg.), Religionsunterricht neu denken. Innovative Ansätze und Perspektiven der Religionsdidaktik, Stuttgart 2012, 105–118.
5   Vgl. Friedrich Schweitzer u. a., Religionsunterricht und Entwicklungspsychologie. Elementarisierung in der Praxis, Gütersloh ^{2}1997; Schweitzer, Lebensgeschichte; Büttner/Dieterich, Entwicklungspsychologie.

dabei so missverstanden, als gehe es darum, den Kindern bestimmte Fähigkeiten oder Verstehensmöglichkeiten abzusprechen und sie auf bestimmte Stufen der Entwicklung festzulegen. Dies wäre natürlich eine Absicht, die jeder ernstzunehmenden Didaktik von vornherein widerspricht. Wichtig ist gerade umgekehrt das Anliegen, die den Kindern eigenen Deutungsweisen stark zu machen und ihnen im Unterricht Raum zu geben.

Ein gutes Beispiel stellt die Behandlung biblischer Gleichnisse im Religionsunterricht dar. Gleichnisse sind durch metaphorische Sprache geprägt, die sich Kindern nicht ohne Weiteres erschließt.[6] Bis in die ersten Jahre der Sekundarstufe hinein (besonders Klasse 5 und 6) muss deshalb sorgfältig geprüft werden, ob der geplante Unterricht einfach das theologisch-exegetische Verständnis eines Gleichnisses voraussetzt oder ob er tatsächlich so angelegt ist, dass auch Kinder, die Gleichnisse einfach wörtlich verstehen, sinnvoll damit umgehen können.

Ein konzentriertes Ergebnis dieses Arbeitsschritts sollte darin bestehen, in knapper Weise die Bandbreite der von den Kindern und Jugendlichen einer bestimmten Lerngruppe zu erwartenden Deutungsweisen zu benennen. Weitere didaktische Überlegungen werden sich darauf beziehen, ob und wie den Kindern und Jugendlichen Gelegenheit gegeben werden kann, ihre Deutungsweisen weiterzuentwickeln.

1.3 Elementare Erfahrungen

Dass Lernen dann erfolgreicher ist, wenn es an die Erfahrungen der Schülerinnen und Schüler anknüpft oder wenn Erfahrungen im Unterricht ermöglicht werden, ist ein altes und weithin akzeptiertes didaktisches Prinzip. Für den Religionsunterricht geht es freilich nicht um beliebige Erfahrungen, sondern stets um solche, die sich spezifisch auf die Inhalte des Unterrichts beziehen lassen, beispielsweise Erfahrungen wie Angst und Hoffnung, Verlassensein und Geborgenheit. Darüber hinaus sind natürlich alle ausdrücklichen Erfahrungen mit Religion bedeutsam, etwa Begegnungen mit Kirche oder kirchlicher Kinder- und Jugendarbeit, die Vertrautheit mit biblischen Geschichten usw. Solche Erfahrungen sind bei der heutigen Schülerschaft jedoch vielfach – aufgrund der nachlassenden religiösen und kirchlichen Sozialisation – nicht automatisch und vor allem nicht für alle Kinder und Jugendlichen vorauszusetzen.

Auch bei den elementaren Erfahrungen sind Differenzierungen erforderlich. Besonders die aktuelle Debatte um Inklusion und Heterogenität hat bewusst gemacht, wie weit die Erfahrungsvoraussetzungen in einer Lerngruppe streuen

---

6 Vgl. dazu unten, S. 94 ff.

können: nach Formen der Behinderung, nach Geschlecht und sozialer Herkunft, nach migrationsbedingten Hintergründen, Hautfarbe usw.[7] Elementarisierender Unterricht muss sich auf eine Vielfalt unterschiedlicher Erfahrungen einstellen, die in einer Lerngruppe zu erwarten sind. Eine Hilfe können dabei vor allem sozial- und kulturwissenschaftliche Untersuchungen sein, die sich beispielsweise im Rahmen der Kinder- und Jugendforschung auf solche Erfahrungshintergründe beziehen. Religiöse Lernvoraussetzungen werden in sozialwissenschaftlichen Darstellungen allerdings nur selten angemessen berücksichtigt, weshalb spezielle, ausdrücklich auf Religion bezogene Studien im Blick auf die elementaren Erfahrungen besonders wichtig sind.[8] Zunehmende Beachtung müssen in diesem Zusammenhang auch die Prozesse der Digitalisierung finden. Diese Prozesse bestimmen immer stärker die Lebensverhältnisse und machen auch vor Religion nicht halt, gerade im Kindes- und Jugendalter.[9]

Eine Besonderheit mancher Fächer, zu denen in hervorgehobener Weise auch der Religionsunterricht zählt, kann darin gesehen werden, dass Erfahrungen nicht nur aufseiten der Schülerinnen und Schüler zu bedenken sind, sondern dass es auch auf die in Texten und Themen angesprochenen Erfahrungen ankommt. Das Gleichnis vom verlorenen Sohn beispielsweise berührt nicht nur Vatererfahrungen in der Gegenwart, sondern ist auch mit Erfahrungen damaliger Väter und Kinder gesättigt. Elementarisierender Unterricht zielt daher auf Begegnungen – nicht nur auf der Textebene, sondern, vermittelt durch diese, auch auf der Ebene der Erfahrungen.

Eine konzentrierte Zusammenfassung besteht in diesem Falle darin, dass die für ein bestimmtes Thema wichtigsten Erfahrungen der Schülerinnen und Schüler beschrieben werden können, ergänzt durch eine Reflexion auf die in den jeweiligen Texten und Themen eingelagerten Erfahrungen.

1.4 Elementare Wahrheiten

Die Frage nach Wahrheit, die sich im Unterricht anhand einzelner Wahrheitsfragen oder eben Wahrheiten konkretisiert, gehört in charakteristischer Weise

---

7   Vgl. als Überblick: Wolfhard Schweiker, Prinzip Inklusion. Grundlagen einer interdisziplinären Metatheorie in religionspädagogischer Perspektive, Göttingen 2017; Bernhard Grümme, Heterogenität in der Religionspädagogik. Grundlagen und konkrete Bausteine, Freiburg 2017.
8   Vgl. als derzeit jüngstes Beispiel: Friedrich Schweitzer/Golde Wissner/Annette Bohner/Rebecca Nowack/Matthias Gronover/Reinhold Boschki, Jugend – Glaube – Religion. Eine Repräsentativstudie zu Jugendlichen im Religions- und Ethikunterricht, Münster/New York 2018.
9   Im religionspädagogischen Bereich vgl.: Ilona Nord/Hanna Zipernovszky (Hg.), Religionspädagogik in einer mediatisierten Welt, Stuttgart 2017.

zum Religionsunterricht. Im Unterschied zu einer Religionskunde, die sich mit Religion nur in religiös-weltanschaulicher Neutralität befasst, soll im (konfessionellen) Religionsunterricht immer auch Raum für existenzielle Auseinandersetzungen mit Glaubensfragen sein.[10] Wahrheiten können dabei nicht gelehrt oder gar vermittelt werden, aber sie können sich den am Unterricht Beteiligten erschließen.

Bei biblischen Texten stehen Glaubensüberzeugungen häufig gleichsam von selbst – von der Art der Texte her – ganz im Zentrum. Ein Satz wie »Ich bin das Licht der Welt« (Joh 8,12) enthält nicht einfach eine beschreibende Aussage, sondern kann als Appell an die Hörerinnen und Hörer aufgefasst werden, sich mit dem darin enthaltenen Anspruch auseinanderzusetzen und dazu eine eigene Position zu finden. Wenn Jesus Christus »das Licht der Welt« ist, dann ist dieses Licht nirgends sonst zu finden. Um Überzeugungen geht es aber auch bei nicht-biblischen Texten und Themen, wenn sie in die Perspektive des Glaubens gerückt werden. Ob allen Menschen tatsächlich dieselbe Würde zukommt, kann mit Hinweis auf die Allgemeine Menschenrechtserklärung der Vereinten Nationen beantwortet werden. Aus der Perspektive des Glaubens geht es zugleich um die Gottebenbildlichkeit des Menschen (Gen 1,27), die biblisch gesehen jedem Menschen ohne Unterschied zu eigen ist.[11]

Ähnlich wie bei den elementaren Strukturen besteht auch bei den elementaren Wahrheiten für die Lehrkraft eine Aufgabe darin, das eigene Verhältnis zum Inhalt zu klären – hier jedoch nicht in fachwissenschaftlicher Hinsicht, sondern bezüglich eines persönlichen, letztlich im eigenen Glauben wurzelnden Verhältnisses dazu. Hier steht dann nicht mehr nur im Vordergrund, was exegetisch gesehen »Schöpfung« bedeutet, sondern ich muss auch für mich als Lehrerin oder Lehrer klären, ob und wie ich selbst an Gott den Schöpfer glauben kann und glauben will. Gerade bei kontroversen Themen wie dem Schöpfungsglauben kommt es immer wieder vor, dass Schülerinnen und Schüler ihre Lehrkraft daraufhin befragen, ob sie das »denn selber glaube«. Auf solche Fragen sollte eine professionell agierende Lehrkraft nicht nur spontan, sondern in vorbereiteter und reflektierter Weise antworten können.

In konzentrierter Zusammenfassung sollte am Ende dieses Arbeitsschritts die Identifikation von Wahrheitsfragen stehen, die im Unterricht aufbrechen können. Darüber hinaus sollte auch geklärt sein, wie Schüler und Schülerinnen zu solchen Fragen ermutigt werden können. Und schließlich sollte sich

---

10 Zur Unterscheidung zwischen Religionsunterricht und Religionskunde vgl.: Friedrich Schweitzer, Religionspädagogik, Gütersloh 2006, 81–96.
11 Vgl. dazu unten, S. 36 ff.

eine Lehrkraft auch immer selbst daraufhin befragen, wie er oder sie zu einem bestimmten Thema steht. Selbst sperrige oder schwierige Themen lassen sich nur so authentisch unterrichten.

1.5 Elementare Lernformen

Dass auch unterrichtsmethodische Fragen für die Unterrichtsplanung und -gestaltung von grundlegender Bedeutung sind, versteht sich von selbst. Mitunter herrscht sogar noch immer das Missverständnis vor, als bestünde die didaktische Hauptaufgabe gerade in der methodischen Gestaltung, was durch die bisherigen Überlegungen aber ebenso ausgeschlossen wird wie durch die grundlegende Unterscheidung zwischen Didaktik und Methodik. Unterrichtsmethodik ist immer nur ein Aspekt von Didaktik, der im Zusammenhang der Didaktik reflektiert und verantwortet werden muss.

Umgekehrt wäre es aber auch nicht angemessen, methodische Fragen als nachrangig anzusehen. Sie können nicht einfach als eine Art Anhang der ersten vier Elementarisierungsdimensionen verstanden werden. Häufig steht in der Praxis am Anfang gerade eine Unterrichtsidee, die sich auf bestimmte methodische Gestaltungsformen bezieht. Die Aufgabe besteht dann darin, eine solche Idee konsequent in den Gesamthorizont der Elementarisierung einzuzeichnen und damit für eine auch didaktisch sinnvolle Unterrichtsgestaltung zu sorgen.

Für das Elementarisierungsmodell sind Fragen nach elementaren Lernformen ebenfalls grundlegend: Zum einen kann der Unterricht nie allein von seinen Inhalten her elementar genannt werden. Es kommt immer auch darauf an, wie gelehrt und gelernt wird. Zum anderen soll sichergestellt werden, dass nicht einfach beliebige, angeblich »attraktive« Methoden oder allgemeine, angeblich »bewährte« Prinzipien wie vielfacher Methodenwechsel den Unterricht bestimmen. Stattdessen kommt es darauf an, welche Lernformen mit den anderen Elementarisierungsdimensionen harmonieren. Wenn beispielsweise die poetische Gestalt eines Psalmtexts unter dem Aspekt der Strukturen, aber auch der Erfahrungen und Zugangsweisen als elementar angesehen wird, so kann dieser Text im Unterricht nur schwerlich auf einer schlechten Fotokopie oder gar ohne Berücksichtigung der Versstruktur präsentiert werden.

Unterrichtsgestaltung im Sinne elementarer Lernformen beruht auf vielfachen Erkenntnissen zum menschlichen Lernen. Lernen ist nie allein kognitiv, es schließt immer auch emotionale sowie körperliche Dimensionen ein. In der Schule ist es in Beziehungen eingelagert – sowohl zwischen Lehrkraft und Schülerinnen und Schülern wie auch innerhalb der Lerngruppe. All dies sollte bei der Bestimmung der elementaren Lernformen bedacht werden.

Eine weitere Frage betrifft dabei die Medien, sowohl im Sinne der im Unterricht eingesetzten (Lern-)Medien als auch des weiteren medialen Horizonts, in dem sich das Aufwachsen von Kindern und Jugendlichen heute vollzieht. Die Frage nach elementaren Lernformen ist insofern immer auch mediendidaktisch zu reflektieren.

In knapper Zusammenfassung kann am Ende dieses Elementarisierungsschritts die Auskunft darüber stehen, welcher Zusammenhang zwischen den elementarisierungstheoretisch erschlossenen Inhalten auf der einen und den zu unterstützenden Aneignungs- bzw. Konstruktionsformen auf der anderen Seite besteht. Dies lässt sich dann durch die Auswahl unterrichtsmethodischer Planungen weiter konkretisieren.

1.6 Zusammenfassung: Die Elementarisierungsdimensionen im Überblick

In Tabellenform lassen sich die fünf Elementarisierungsdimensionen wie folgt darstellen:

Dimensionen der Elementarisierung	
Elementare Strukturen	Identifikation der zentralen inhaltlichen Aspekte, Zusammenhänge, Aussagen usw., die mithilfe der Fachwissenschaft (besonders der Theologie) herausgearbeitet werden, jedoch immer bereits mit Bezug auf eine bestimmte Lerngruppe, für die nicht gleichermaßen alle inhaltlichen Aspekte infrage kommen
Elementare Zugänge	Wahrnehmung und Beschreibung der besonderen Zugangs- und Deutungsweisen von Kindern, Jugendlichen und Erwachsenen je nach Zielgruppe, aber auch verschiedener Einzelpersonen, deren je besondere Lebenslagen auch in ihre Verstehensweisen eingehen; Grundlage dafür sind entwicklungspsychologische sowie konstruktivistische Theorien, empirische Untersuchungen u. Ä.
Elementare Erfahrungen	Wahrnehmung und Beschreibung von Erfahrungen und lebensweltlichen Zusammenhängen, von denen her Kinder, Jugendliche und Erwachsene einem Thema begegnen bzw. auf die hin ein Thema ausgelegt werden kann, z. B. mithilfe der Sozialisationsforschung, empirischer Untersuchungen zur Religiosität u. Ä.
Elementare Wahrheiten	Identifikation der existenziellen Bezüge oder Gewissheiten, die bei einem Thema oder in einer biblischen Geschichte, etwa als Glaubensfragen, angesprochen oder enthalten sind; Prüfung von Möglichkeiten, diesen Wahrheitsanspruch dialogisch aufzunehmen; auch dafür bietet die Theologie wichtige Hinweise, daneben ist auch hier etwa an theologische Gespräche mit Kindern, Jugendlichen und Erwachsenen (Kinder- und Jugendtheologie) zu denken
Elementare Lernformen	Suche nach Formen des Lehrens und Lernens, die der Besonderheit des Themas gerecht werden, unter Berücksichtigung unterschiedlicher Aspekte des Lernens (kognitiv, affektiv, handlungsorientiert) sowie kreativer Möglichkeiten der Gestaltung im Anschluss an die aktuelle pädagogisch-didaktische Methodik

2. Aktuelle Weiterentwicklungen: Konstruktivistische Lerntheorien – Kompetenzerwerb – empirische Unterrichtsforschung

Das Modell der Elementarisierung empfiehlt sich durch langjährige Bewährung in der Praxis von Ausbildung und Unterricht. Zugleich müssen sich Modelle der Unterrichtsvorbereitung und -gestaltung immer wieder weiterentwickeln, um mit dem aktuellen Stand der (fach-)didaktischen Diskussion sowie der (Unterrichts-)Forschung Schritt zu halten. Dabei wird auch sichtbar, ob ein bestimmtes Modell überhaupt entwicklungsfähig ist oder ob es lediglich einen bestimmten Stand der Didaktik widerspiegelt, mit dem es dann gegebenenfalls überholt ist.

Das Elementarisierungsmodell wurde und wird konsequent aktualisiert. Dabei hat es sich als so entwicklungsfähig erwiesen, dass es neue Elemente in sich aufnehmen kann. Mehr noch: Es hat sich gezeigt, dass gerade das Elementarisierungsmodell eine sinnvolle Aufnahme beispielsweise von Erkenntnissen aus der empirischen Unterrichtsforschung unterstützt und in gewisser Hinsicht erst ermöglicht.

2.1 Kinder und Jugendliche als Subjekte: Konstruktivismus, Kinder- und Jugendtheologie

Die Forderung, Kinder und Jugendliche als Subjekte – auch ihres Lernens im Unterricht – wahrzunehmen und anzuerkennen, hat für das Elementarisierungsmodell immer mehr an Gewicht gewonnen. Von Anfang an war es ein zentrales Anliegen dieses Modells, die für Kinder und Jugendliche spezifischen Weltzugänge und Deutungsweisen auch bei der Unterrichtsplanung konstitutiv zu berücksichtigen. Dazu diente und dient der Rückgriff auf entwicklungspsychologische Erkenntnisse, aber auch die Aufnahme von Befunden aus der Kindheits- und Jugendforschung.

Die neuere didaktische Diskussion hat dieses Anliegen mit der Ausbildung einer konstruktivistischen Didaktik weiter vorangetrieben. In der Religionsdidaktik wird ebenfalls weithin von einem konstruktivistischen Ansatz ausgegangen. Die Aufnahme spezieller konstruktivistischer Theorien stellt allerdings eher ein eigenes Spezialgebiet dar, während der fachdidaktische Mainstream stärker an der Kinder- und Jugendtheologie orientiert ist.[12] In

---

12 Vgl. dazu etwa die Jahrbücher für Kindertheologie und Jugendtheologie sowie: Friedrich Schweitzer, Kindertheologie und Elementarisierung. Wie religiöses Lernen mit Kindern gelingen kann, Gütersloh 2011; sowie das Jahrbuch für konstruktivistische Religionsdidaktik.

den Ansatz der Kinder- und Jugendtheologie sind deutlich konstruktivistische Perspektiven eingeflossen, daneben aber auch allgemeine Zielsetzungen und Wahrnehmungen aus der Religionspädagogik, besonders der Wertschätzung von Kindern und Jugendlichen, des Rechts des Kindes auf Religion oder der religionspädagogischen Anthropologie des Kindes.[13]

Für das Elementarisierungsverständnis im Sinne der Unterrichtsvorbereitung sind am Ende weniger die Unterschiede zwischen den verschiedenen Ansätzen entscheidend als das gemeinsame Anliegen, Kindern und Jugendlichen als aktiven Subjekten und als Konstrukteuren von Wirklichkeit gerecht zu werden. Lernen, so kann zusammenfassend formuliert werden, ereignet sich kaum einmal in der Gestalt bloßer Vermittlung, sondern in aller Regel durch aktive Aneignung und eigene Konstruktion der Lernenden. Das gilt beispielsweise auch für biblische Geschichten. Kinder und Jugendliche eignen sich solche Geschichten an, indem sie sie selbst auslegen. Spannend und herausfordernd ist dieser Aneignungsprozess dadurch, dass er mitunter zu Akzentuierungen führen kann, die sich von dem etwa der wissenschaftlichen Exegese zufolge Gemeinten deutlich unterscheiden. So können Kinder etwa das Gleichnis von den Arbeitern im Weinberg durchaus so verstehen, dass Jesus es als Negativ-Beispiel gemeint habe, damit die Menschen wissen, wie sie es nicht machen sollen.[14] Oder sie sehen im Gleichnis vom Verlorenen Sohn ein eindrückliches Beispiel dafür, wie der Vater im Gleichnis zur Besinnung kommt, sein hartes Verhalten zu seinem Sohn bereut und so versöhnungsfähig wird.[15] Dies widerspricht natürlich dem exegetischen Befund, aber einfach im Unterricht korrigieren lassen sich solche Deutungsweisen gerade nicht. Sonst entsteht ein lediglich aufgesetztes Wissen, ohne Bezug zu den eigenen Verstehensweisen. Lernen im Sinne des Elementarisierungsmodells kann deshalb nur so begriffen werden, dass es konstitutiv auf die eigenen Deutungsprozesse von Kindern und Jugendlichen bezogen ist.

In dieser Hinsicht hat die Kinder- und Jugendtheologie entscheidend zur Weiterentwicklung des Elementarisierungsmodells beigetragen. Dieser religionsdidaktische Ansatz hat zu Recht darauf aufmerksam gemacht, dass nicht nur unterrichtende Erwachsene, sondern auch Kinder und Jugendliche etwa im Religionsunterricht selbst auswählen, was für sie wesentlich ist, und es in eine Perspektive rücken, die für sie sinnvoll ist. Genau dies bedeutet ja die Auf-

---

13 Zum Hintergrund vgl.: Friedrich Schweitzer, Das Recht des Kindes auf Religion, erw. Neuausgabe, Gütersloh 2013.
14 Vgl. Anton A. Bucher, Eine bloße Geschichte – Oder ein Gleichnis? Die Entwicklung des Gleichnisverständnisses als zentrale Komponente der Gleichnisdidaktik. In: Der Evangelische Erzieher 41 (1989), 429–439.
15 Vgl. Schweitzer u. a., Religionsunterricht, 15–19.

forderung, Kinder und Jugendliche als Theologen wahrzunehmen und anzuerkennen. Umgekehrt erbringt das Elementarisierungsmodell für die Kinder- und Jugendtheologie eine entscheidende Erweiterung im Blick auf ihren Einsatz im Religionsunterricht. Denn im Unterricht kann es nie allein darum gehen, Kinder zu beobachten und zu fragen, wie sie beispielsweise ein Gleichnis verstehen. Unterricht gewinnt seine Berechtigung nur dann, wenn Kinder und Jugendliche gefördert werden. Anders ausgedrückt: Unterricht muss dem Lernen und damit dem Lernfortschritt dienen.

2.2 Kinder und Jugendliche fördern: Kompetenzerwerb

Der Anspruch, dass Unterricht Kinder und Jugendliche in ihren Fähigkeiten und Fertigkeiten fördern soll, ist so alt wie die Schule selbst. Vergleichsweise neu ist die Verwendung des Kompetenzbegriffs, um diesen Effekt von Schule und Unterricht in einer auch empirisch überprüfbaren Weise zu beschreiben. Im Hintergrund stehen die von der empirischen Bildungsforschung ausgehenden Vergleichsuntersuchungen zur Ausprägung entsprechender Kompetenzen (vor allem die PISA-Studien). Seither wird gefragt, welche Kompetenzen im Unterricht gefördert werden sollen und ob dies durch den entsprechenden Unterricht auch tatsächlich erreicht wird. Vor diesem Hintergrund versteht sich auch die inzwischen weithin vollzogene Umstellung auf kompetenzorientierte Bildungspläne.

Auch für die Vorbereitung und Gestaltung von Unterricht kann die Kompetenzorientierung nicht ohne Folgen bleiben. Zwar ist in der fachdidaktischen Diskussion nicht nur für den Religionsunterricht noch immer umstritten, ob der ganze (Religions-)Unterricht nun kompetenzorientiert gestaltet werden und ob eine insgesamt veränderte Didaktik angestrebt werden soll, aber es steht doch außer Zweifel, dass auch der Religionsunterricht dem Kompetenzerwerb dienen muss.[16] Was bedeutet dies nun für den Elementarisierungsansatz? Eine Prüfung von Möglichkeiten, Religionsdidaktik und Kompetenzorientierung im Horizont der Elementarisierung miteinander zu verknüpfen, führt zu der Einsicht, dass sich den vorgestellten fünf Dimensionen der Elementarisierung schwerpunktmäßig bestimmte Kompetenzen zuordnen lassen: Sprachkompetenz, Selbstkompetenz, Urteilskompetenz, Methodenkompetenz, Orientierungs- und Dialogkompetenz. In Tabellenform lässt sich dies so darstellen:

---

16 Vgl. als Überblick sowie zum Folgenden: Friedrich Schweitzer u. a., Elementarisierung und Kompetenz. Wie Schülerinnen und Schüler von »gutem Religionsunterricht« profitieren, Göttingen [4]2018.

Dimensionen der Elementarisierung	Zuordnung zu Kompetenzen
Strukturen	Sachkompetenz
Erfahrungen	Sprachkompetenz, Selbstkompetenz
Zugänge	Urteilskompetenz
Lernformen	Methodenkompetenz
Wahrheiten	Orientierungskompetenz, Dialogkompetenz

Diese Zusammenstellung kann durch weitere Kompetenzformulierungen gewiss noch erweitert werden – etwa im Blick auf Wahrnehmungs- und Deutungskompetenz oder die Fähigkeit zur Perspektivenübernahme –, aber die entscheidenden Schwerpunkte sind damit benannt. Wichtig ist dabei vor allem, dass die genannten Kompetenzen mithilfe des Elementarisierungsmodells in einen konsequent didaktischen Zusammenhang gerückt werden. Mit anderen Worten: Es wird hier nicht dem Missverständnis Vorschub geleistet, als ließe sich einfach aus gesellschaftlichen Anforderungen ableiten, wie guter Unterricht aussehen soll. Auch ein an Kompetenzen ausgerichteter Unterricht muss in den Kindern und Jugendlichen, in ihren Lern-, Entwicklungs- und Orientierungsbedürfnissen einen wesentlichen Bezugspunkt behalten, wie er vor allem in den Elementarisierungsdimensionen der Erfahrungen und Zugänge präsent gehalten wird. Zugleich gilt aber auch, dass die Frage nach dem Kompetenzerwerb in neuer Weise deutlich macht, dass sich Elementarisierung als Weg zum Kompetenzerwerb begreifen lässt und entsprechend gestaltet werden muss. Elementarisierung dient letztlich dem Erwerb von Fähigkeiten und Fertigkeiten im weiteren Horizont der Persönlichkeitsentwicklung, und der beabsichtigte Kompetenzerwerb lässt sich mithilfe des Elementarisierungsmodells so auslegen, dass er Kindern und Jugendlichen als Subjekten gerecht wird. Zu beachten bleibt dabei allerdings durchweg, dass sich guter Religionsunterricht nicht allein vom Kompetenzerwerb her bestimmten lässt. Kompetenzen sind gleichsam Produkte von Unterricht und zielen insofern auf die Produktqualität. Zum guten Unterricht gehört jedoch immer auch die Prozessqualität.

Dies kann an einem Beispiel veranschaulicht werden. Im Orientierungsrahmen der EKD wird beispielsweise folgende Kompetenz genannt:

»Den eigenen Glauben und die eigenen Erfahrungen wahrnehmen und zum Ausdruck bringen sowie vor dem Hintergrund christlicher und anderer religiöser Deutungen reflektieren.«[17]

---

17 Kompetenzen und Standards für den Evangelischen Religionsunterricht in der Sekundarstufe I. Ein Orientierungsrahmen, hg. v. Kirchenamt der EKD, Hannover 2010 (EKD-Texte 111), 18.

Die Formulierung dieser Kompetenz lässt bereits einen Einfluss des Elementarisierungsmodells oder zumindest einer religionsdidaktischen Reflexion erkennen: Der Bezug auf den Erfahrungsbegriff macht deutlich, dass es um einen subjektbezogenen Unterricht gehen muss. Weiterhin wird deutlich, dass ein Religionsunterricht, der den Erwerb dieser Kompetenz unterstützen soll, darauf angewiesen ist, dass Kinder und Jugendliche wirklich ihren eigenen Glauben zum Ausdruck bringen können. Auch dies lässt sich mithilfe der verschiedenen Elementarisierungsdimensionen weiter erläutern.

Zunächst kann dabei an die elementaren Erfahrungen und die elementaren Zugänge gedacht werden. Nur wenn solche Erfahrungen und Zugänge berücksichtigt werden, kann es gelingen, den eigenen Glauben wahrzunehmen oder »eigene Erfahrungen« aufzunehmen. Vorausgesetzt ist dabei durchweg eine Konzentration auf das Wesentliche im Sinne der elementaren Strukturen. Und da die Kompetenzbeschreibung deutlich auf Reflexion, Verstehen und Urteilen abhebt, sind – der spezifischen Ausrichtung des Religionsunterrichts folgend – auch die elementaren Wahrheiten berührt. Gemeint ist nicht nur eine distanzierte Reflexion, sondern auch eine existenzielle, subjektbezogene persönliche Vertiefung der Urteilsbildung. Eine weitere Voraussetzung für »guten« kompetenzorientierten Religionsunterricht besteht in der Nutzung entsprechender Lernformen, die so ausfallen sollten, dass Kinder und Jugendliche selbst methodisch kompetent werden (»Methodenkompetenz«).

2.3 Elementarisierung und didaktischer Realismus: Empirische Unterrichtsforschung

Die Bedeutung empirischer Unterrichtsforschung hat in den letzten Jahren deutlich zugenommen. Auch vor dem Religionsunterricht macht diese Entwicklung nicht Halt. Gerade zu diesem Unterrichtsfach besitzen empirische Untersuchungen schon eine lange Tradition, die bis zum Beginn des vergangenen Jahrhunderts zurückreicht. Allerdings ist die Anzahl von Studien, die sich direkt auf Unterrichtsprozesse und auf die Wirksamkeit von Religionsunterricht beziehen, zugleich noch immer recht klein.[18] Häufiger anzutreffen sind Umfragen zum Religionsunterricht in der Schüler- und vor allem in der Lehrerschaft, die nur einen indirekten Einblick in den Unterricht selbst bieten können. Sie geben Aufschluss über Einstellungen zum Religionsunterricht, nicht aber über dessen tatsächlich realisierte Qualität.

---

18 Vgl. Friedrich Schweitzer/Reinhold Boschki (Hg.), Researching Religious Education. Classroom Processes and Outcomes, Münster/New York 2018.

Das Elementarisierungsmodell hat sich schon früh – vor mehr als 25 Jahren – um eine empirische Fundierung durch Unterrichtsforschung bemüht.[19] Ziel der damaligen Untersuchung war es vor allem, herauszufinden, wie die Schülerinnen und Schüler im Religionsunterricht mit ihren entwicklungsbedingten Zugangsweisen und Erfahrungen zum Zuge kommen. Heute geht es beim Thema Unterrichtsforschung um ein breiteres Themenspektrum. Ziel ist die konstitutive Berücksichtigung empirischer Erkenntnisse schon bei der Planung und Gestaltung von Religionsunterricht.

Auch wenn die Anzahl einschlägiger Untersuchungen zum Religionsunterricht zunächst als gering zu bezeichnen war, kann inzwischen doch auf eine Reihe größerer Untersuchungen verwiesen werden. Um wenigstens einige Beispiele zu nennen:[20]
- Untersuchungen zur Ausprägung von Kompetenzen im Religionsunterricht,
- Untersuchungen zur Möglichkeit, das Verständnis von Schöpfung durch Unterricht zu beeinflussen,
- Untersuchungen zur Wirksamkeit interreligiösen Lernens im Religionsunterricht,
- Untersuchungen zu bestimmten religionsdidaktischen Vorgehensweisen, etwa Besuchen in Kirchen.

Auch wenn die Aufzählung dieser Beispiele leicht erkennen lässt, dass damit keineswegs schon alle für die Planung von Religionsunterricht bedeutsamen Fragen in empirischen Studien untersucht worden sind, gilt doch, dass die nunmehr vorliegenden Erkenntnisse nicht einfach übergangen werden dürfen. Denn die meisten Untersuchungen gelangen zu Aussagen darüber, unter welchen Voraussetzungen und mit welchen Gestaltungsformen Religionsunterricht besser oder weniger gut gelingt. Genau dies aber ist auch für die Unterrichtsvorbereitung von entscheidender Bedeutung.

Die sich damit einstellende Frage, wie ein Weg von der Unterrichtsforschung zur Unterrichtsplanung gefunden werden kann, wirft allerdings auch Probleme und Schwierigkeiten auf. Empirische Untersuchungen können nie den Religionsunterricht insgesamt beleuchten. Von ihrer gesamten Vorgehensweise her sind empirische Untersuchungen darauf angewiesen, eine klar eingegrenzte Frage zu verfolgen. Unterrichtsplanung hingegen muss immer das Gesamt von Unterricht im Auge haben. Insofern erweist es sich als notwendig, für die theoretische und praktische Rezeption von Erkenntnissen aus der empirischen Unter-

---

19 Vgl. Schweitzer u. a., Religionsunterricht.
20 Einzelnachweise der Veröffentlichungen bei Schweitzer/Boschki, Researching.

richtsforschung auf ein religionsdidaktisches Modell zurückzugreifen, das eine reflektierte Rezeption empirischer Befunde unterstützt. Auch dafür hat sich das Elementarisierungsmodell als hilfreich erwiesen. Die Ausdifferenzierung nach den fünf Elementarisierungsdimensionen bietet ein ausreichend feingliedriges Raster, das eine gezielte Zuordnung von empirischen Befunden sowie deren praxisbezogene Nutzung erlaubt.

Dies bedeutet allerdings nicht, dass das Elementarisierungsmodell, wie es sich in den letzten Jahrzehnten entwickelt hat, nicht auch selbst modifiziert werden müsste. Vielmehr gewinnt der Elementarisierungsansatz über seine herkömmlichen empirischen Bezüge auf die Kinder- und Jugendforschung sowie die Entwicklungspsychologie hinaus nunmehr mit der Unterrichtsforschung eine breitere empirische Basis, die sich in Zukunft – so ist zu hoffen – noch weiter verbreitern wird. In Entsprechung dazu muss nun in allen Dimensionen der Elementarisierung konsequent nach Anschlüssen an die empirische Unterrichtsforschung gefragt werden. Auch wenn diese Frage bislang in vielen Fällen noch nicht in ausreichend fundierter Weise beantwortet werden kann, gewinnt die Unterrichtsvorbereitung dadurch einen veränderten Horizont, indem die ausweisbare Zielerreichung bei der Planung mitbedacht wird.

Dass eine solche Verbreiterung dem Elementarisierungsansatz durchaus entgegenkommt, lässt sich beispielsweise an dem in der pädagogischen Psychologie bzw. in der empirischen Bildungsforschung heute weithin als grundlegend für alles Lehren und Lernen angesehenen Prinzip der kognitiven Aktivierung nachvollziehen.[21] Diesem Prinzip zufolge hängt die Qualität von Unterricht in hohem Maße davon ab, dass es gelingt, Kinder und Jugendliche durch Fragen und Problemstellungen, durch neue Wahrnehmungen, überraschende Aufgaben usw. zu einer aktiven Auseinandersetzung mit Inhalten und Themen zu bewegen bzw. sie darin zu unterstützen. Wenn im Elementarisierungsansatz schon seit Langem die Bedeutung der elementaren Zugänge hervorgehoben wird, so lässt sich dies nun im Sinne der kognitiven Aktivierung weiter zuspitzen: Die Beachtung der elementaren Zugänge entspricht offenbar nicht nur der allgemeinen Aufgabe, dass sich Unterricht immer auf die Schülerinnen und Schüler einstellen muss, sie entspricht vielmehr auch dem psychologisch-pädagogischen Qualitätsmerkmal der kognitiven Aktivierung. Darauf muss entsprechend, etwa bei der Entwicklung der Aufgaben, die im Unterricht bearbeitet werden sollen, geachtet werden.

---

21 Vgl. dazu: Mareike Kunter/Ulrich Trautwein, Psychologie des Unterrichts, Paderborn u. a. 2013.

3. Hintergründe: Herkunft und Intention des Modells

Die Vorbereitung und Gestaltung von Religionsunterricht setzt keine umfassende Vertrautheit mit der Geschichte der Religionsdidaktik voraus. Gleichzeitig gehört es aber doch zur professionellen Kompetenz von Lehrkräften, zu wissen und beispielsweise gegenüber Kolleginnen und Kollegen in der Schule ausweisen zu können, welchen didaktischen Vorstellungen der eigene Religionsunterricht folgen soll. Dazu sind Hintergrundinformationen erforderlich, wie sie im Folgenden in knapper Form geboten werden. Die daraus zu gewinnende Klarheit im Blick auf die mit dem Elementarisierungsansatz verbundenen Intentionen kann dann durchaus auch die praktische Arbeit erleichtern.

3.1 Entstehung und religionspädagogische Rezeption

Seit ungefähr 40 Jahren gehört die Frage nach Elementarisierungsmöglichkeiten zu den Grundthemen, die die religionsdidaktische Diskussion in Deutschland bewegt haben und weiterhin bewegen. Dies ist schon an sich bemerkenswert, weil das Feld der Religionsdidaktik häufig durch einen raschen Wechsel der Themen und einander schnell ablösender sogenannter Konzeptionen oder Ansätze gekennzeichnet ist. Nur selten werden bestimmte Fragestellungen jahrzehntelang festgehalten. Darin liegt ein erster Hinweis darauf, dass es sich bei der Frage nach Elementarisierungsmöglichkeiten um ein Grundanliegen der Religionsdidaktik handelt, das eben nicht mit einer notwendigerweise wieder abzulösenden (Einzel-)Position gleichgesetzt werden kann.

Der bis heute bedeutsam gebliebene Strang der religionsdidaktischen Diskussion zur Elementarisierung beginnt Mitte der 1970er Jahre.[22] Zugleich ist aber auf eine Vorgeschichte zu verweisen, die auch deshalb nicht übergangen werden soll, weil hier die Verbindung zwischen Religionsdidaktik und Allgemeiner Didaktik sichtbar wird.

Als Urvater und eigentlicher Urheber des Elementarisierungsdenkens gilt *Johann Heinrich Pestalozzi*. Seine entsprechenden Ausführungen sind aber weniger als didaktisch zu bezeichnen, sondern betreffen eher eine pädagogisch-methodische Prinzipienlehre. Insofern gibt es auch keine direkte Kontinuität zwischen Pestalozzi und der heutigen Elementarisierungsdiskussion, obwohl

---

22 Vgl. als Überblick sowie mit Nachweisen zum Folgenden: Schweitzer u. a., Religionsunterricht; vgl. auch: Friedrich Schweitzer u. a., Elementarisierung im Religionsunterricht. Erfahrungen, Perspektiven, Beispiele, Neukirchen-Vluyn ⁴2013.

das von Pestalozzi vertretene Prinzip der Anschaulichkeit durchaus bedeutsam geblieben ist.

Bahnbrechend waren in didaktischer Hinsicht vor allem die Arbeiten des Erziehungswissenschaftlers *Wolfgang Klafki*, der mit seiner bildungstheoretischen Didaktik in den 1960er Jahren auch Grundlagen für das heutige Elementarisierungsverständnis in der Religionsdidaktik gelegt hat.[23] Bei Klafki wird das Elementare zu einer grundlegenden allgemeindidaktischen Kategorie. Er verknüpft das Elementare eng mit der Frage der Zugänglichkeit von Lerninhalten, wobei er allerdings in seinen späteren Arbeiten nicht mehr auf den Elementarisierungsbegriff zurückgekommen ist.

In der Religionsdidaktik der 1970er Jahre bedeutete der Begriff der Elementarisierung zunächst eine Abgrenzung gegenüber dem in dieser Zeit sehr einflussreichen problemorientierten Religionsunterricht. In kritischer Auseinandersetzung mit diesem Ansatz ging es bei der Elementarisierung damals vor allem um eine erneut theologische Profilierung, die sich besonders gegen eine als Bedrohung wahrgenommene gesellschaftspolitische Überformung des Religionsunterrichts wenden sollte. Zugleich sollte gezeigt werden, dass ein theologisch profilierter Unterricht keineswegs an den Kindern und Jugendlichen sowie an deren Erfahrungen und Interessen vorbeigehen muss.

Die kritische Auseinandersetzung mit einem problemorientierten Religionsunterricht erklärt auch, warum die Elementarisierungsansätze dieser Zeit vor allem den Unterricht über biblische Texte im Blick hatten. *Ingo Baldermann* beispielsweise vertrat mit seiner biblischen Didaktik ausdrücklich ein Gegenmodell zur Problemorientierung.[24] In nicht unproblematischer Weise wendete er sich auch gegen alle Versuche, biblische Texte mithilfe erziehungswissenschaftlicher Didaktik oder entwicklungspsychologischer Erkenntnisse zu erschließen. Gelten sollte nunmehr allein die von ihm so bezeichnete »biblische Didaktik«, die der Bibel selbst entnommen werden müsse. Dieser Hinweis ruft exemplarisch in Erinnerung, dass Elementarisierung auch in einem unpädagogischen Sinne so missverstanden werden kann, als gehe es allein darum, eine Theologie in vereinfachter Form – eine »Mini-Theologie« – vermitteln zu wollen. Erst mit den Ansätzen von *Karl Ernst Nipkow* sowie später von *Godwin Lämmermann* und *Friedrich Schweitzer* wurde der Elementarisierungsansatz auch pädago-

---

23 Vgl. besonders: Wolfgang Klafki, Das pädagogische Problem des Elementaren und die Theorie der kategorialen Bildung, Weinheim ²1963.
24 Vgl. Ingo Baldermann/Gisela Kittel, Die Sache des Religionsunterrichts. Zwischen Curriculum und Biblizismus, Göttingen 1975.

gisch-didaktisch profiliert.[25] Nunmehr kam es gerade darauf an, den Nachweis zu liefern, dass Theologie und Pädagogik in der Didaktik nicht in einem wechselseitigen Konkurrenzverhältnis stehen, sondern dass theologische und pädagogische Kriterien hier konvergent zur Wirkung gebracht werden können. Damit steht der Elementarisierungsansatz für den Anspruch, dass der Religionsunterricht seine Qualität ebenso in theologischer wie in pädagogischer Hinsicht ausweisen können muss und auch ausweisen kann, wenn er dem Elementarisierungsmodell folgt.

3.2 Weiterentwicklung zu einem allgemeinen Modell der Religionsdidaktik

Für die Weiterentwicklung des Elementarisierungsansatzes zu einem allgemeinen Modell der Religionsdidaktik können im Rückblick drei Aspekte als maßgeblich angesehen werden:

(1) Mit seiner damals innovativen Berücksichtigung der elementaren Zugänge und elementaren Erfahrungen erwies sich das Modell als religionsdidaktisch so überzeugend, dass es nicht länger einleuchten konnte, es nur für einen auf die Bibel bezogenen Unterricht einzusetzen. Auch bei Themen, die sich stärker auf die heutige Lebenswelt beziehen, sind solche Erfahrungsbezüge sowie die eigenen Zugänge von Kindern und Jugendlichen konstitutiv zu berücksichtigen. Insofern konnte es nicht bei dem einseitigen Weg von der (biblischen) Überlieferung hin zur Gegenwart bleiben, sondern didaktisch musste auch der umgekehrte Weg beschritten werden: von der Gegenwart hin zur Überlieferung.

Auf diese Weise trat auch immer deutlicher vor Augen, dass es nicht sinnvoll sein konnte, den Elementarisierungsansatz als eine religionspädagogische »Konzeption« zu verstehen und ihn damit in die sich immer weiter fortsetzende Reihe einander ablösender Konzeptionen einzuordnen. Hatte die Abgrenzung gegenüber dem problemorientierten Religionsunterricht zunächst ein solches Verständnis nahegelegt, so führte die zunehmende Anwendung des Elementarisierungsansatzes auf Probleme, Themen und Herausforderungen der Gegenwart zu der Einsicht, dass sich die Aufgabe der Elementarisierung gleichsam auf einer übergeordneten Ebene auf die verschiedenen Bereiche beziehen lässt, die von den verschiedenen Konzeptionen akzentuiert werden: auf Bibel und

---

25 Vgl. mit entsprechenden Nachweisen: Schweitzer u. a., Elementarisierung im Religionsunterricht.

Gegenwarts- oder Zukunftsprobleme ebenso wie auf Symbole und Zeichen, auf ästhetische Themen ebenso wie auf ethische Problemstellungen usw.

(2) Zu dieser Weiterentwicklung des ursprünglich – jedenfalls in der hier beschriebenen Form – vor allem im Bereich der evangelischen Religionsdidaktik entstandenen Elementarisierungsansatzes trug dann auch eine sich intensivierende Verbindung mit katholisch-religionsdidaktischen Ansätzen bei. Heute gehört der Elementarisierungsansatz zu den die konfessionsbezogenen Ansätze übergreifenden Elementen in der Religionsdidaktik.[26]

(3) Erst mit dieser Weiterentwicklung war auch der Weg dafür frei, den Elementarisierungsansatz als Modell für die Planung und Gestaltung von Religionsunterricht aufzunehmen und ihn in diesem Sinne weiterzuentwickeln. Dazu gehörte nicht zuletzt auch die Aufnahme unterrichtsmethodischer Aspekte (»elementare Lernformen«), die zunächst gar nicht im Blick gewesen waren.

3.3 Elementarisierung als konstitutive Verbindung bildungstheoretischer und theologischer Perspektiven auf den Religionsunterricht

Schon der Hinweis auf Klafkis Didaktik als Ausgangspunkt der Elementarisierungsdiskussion lässt erkennen, dass es um eine dezidiert bildungstheoretische Didaktik geht. Dies bedeutet, dass der Unterricht immer dem Vorrang (»Primat«) von Bildung untersteht, als dem konstitutiven übergreifenden Ziel, die Bildung von (jungen) Menschen zu ermöglichen und zu unterstützen. Dieser Anspruch grenzt sich gegenüber allen Auffassungen ab, die Pädagogik, Schule und Unterricht einfach gesellschaftlichen und insbesondere wirtschaftlichen Zwecken unterstellen.

Zugleich wird daran festgehalten, dass die Bildung des Menschen nicht isoliert geschehen kann, sondern nur in Gestalt einer wechselseitigen Erschließung von Person und Sache (»kategoriale Bildung« im Sinne Klafkis). Ein ausschließlich materialer, allein von den Inhalten her argumentierender Unterricht wird dem Anspruch der Bildung von Personen, oder wie später gesagt wurde, der Subjektwerdung nicht gerecht.

Für die Religionsdidaktik ist der gleichursprüngliche Bezug von Elementarisierung auf beide Pole, Bildung und Theologie, entscheidend. Aber es ist

---

[26] Exemplarisch verwiesen sei auf: Reinhold Boschki u. a., Einführung in die Religionspädagogik, Darmstadt ³2017; Ulrich Riegel, Religionsunterricht planen, Stuttgart ²2014.

streng darauf zu achten, dass hier kein Konkurrenzverhältnis ersteht. Es soll nicht darum gehen, ob eher die Bildungstheorie oder die Theologie maßgeblich sein soll. Vielmehr liegt alles daran, zu zeigen, dass Religionsunterricht zugleich bildungstheoretisch und theologisch verantwortet werden kann. Diese Sichtweise hat Konsequenzen bis in die Gestaltung der einzelnen Religionsstunde hinein.

3.4 Elementarisierung und das Profil des Religionsunterrichts

Im Blick auf die Bildungsqualität von Religionsunterricht wurde der Beitrag zu einer solchen Ausrichtung an Bildung bereits oben dargestellt. Im Folgenden soll es um die Frage gehen, in welchem Sinne gerade ein bildungstheoretisch verantworteter Religionsunterricht auch ein theologisches Profil ausbilden kann. Darüber hinaus soll deutlich werden, warum der Elementarisierungsansatz zwar zumindest teilweise bei religionskundlichen Themen oder Formen von Unterricht eingesetzt werden kann, im Kern aber doch auf einen positionellen, also nicht nur neutralen Religionsunterricht zielt.

Entscheidend ist in dieser Hinsicht, dass Schülerinnen und Schüler im Religionsunterricht die Möglichkeit haben, existenzielle Fragen zu klären. Solche Fragen beziehen sich für junge Menschen heute häufig auf die Suche nach Lebenssinn sowie nach einem glücklichen und glückenden Leben. Welche Sinnangebote sind tragfähig? Welche erweisen sich als nur vordergründig oder als auf nur kurze Sicht attraktiv? Theologisch gesprochen steht damit die Wahrheit von Lebenssinn und Lebensdeutungen auf dem Prüfstand. Insofern kommt theologisch alles darauf an, dass im Religionsunterricht nicht nur Informationen angeboten und Sachverhalte besprochen werden können, sondern auch die Wahrheitsfrage gestellt werden darf. Dass dies tatsächlich möglich ist, lässt sich aber pädagogisch gleichermaßen begründen, eben weil die Reflexion und Kommunikation über Sinnfragen besonders für Jugendliche unerlässlich ist.

Dies ist eine der Begründungen dafür, warum beim Elementarisierungsansatz auch die Dimension der elementaren Wahrheiten eigenen Raum erhält. Die Wahrheitsfrage ist zwar keineswegs auf den Religionsunterricht beschränkt, aber die Suche nach existenzbestimmender Wahrheit zeichnet eben doch in besonderer Weise den Religionsunterricht aus. Man kann auch sagen, dass der Religionsunterricht gerade dann und deshalb interessant wird, wenn und weil existenzielle Wahrheiten angesprochen werden.

Auch im Blick auf die Lehrkräfte eröffnet ein solcher dialogischer Religionsunterricht, in dem nicht nur über Sachverhalte gesprochen wird, besondere Chancen, stellt aber zugleich auch vor besondere Herausforderungen. Lehrkräfte haben im Religionsunterricht die Möglichkeit, sich unmittelbar auf lebensbedeutsame Fragen junger Menschen zu beziehen und sie darin zu unterstützen, eine Orientierung im Leben zu finden. Dabei müssen sie sich aber auch fragen lassen, für welche Lebensentscheidungen sie selbst einstehen wollen. Ausgeschlossen bleibt dabei von vornherein allerdings, dass Lehrkräfte ihre Lebensentwürfe und Glaubensüberzeugungen einfach auf Kinder und Jugendliche übertragen. Ein solcher Unterricht geriete zur Indoktrination, was pädagogisch ebenso wie theologisch ausgeschlossen sein muss. Stattdessen geht es hier um ein dialogisches Verhältnis, bei dem eigene Orientierung immer auch durch Abgrenzung von anderen Orientierungen zu gewinnen ist.

Verstößt eine Lehrkraft, die im Religionsunterricht eigene Glaubensüberzeugungen zu erkennen gibt und zur Diskussion stellt, nicht automatisch gegen jegliche Neutralitätsanforderung? Diese Frage ist durchaus zu bejahen, aber darin liegt gerade kein Nachteil eines solchen Unterrichts. Vielmehr begründet der Zusammenhang zwischen existenziellen Fragen und einer positionellen oder engagierten Ausrichtung des Unterrichts gerade den Sinn eines konfessionsgebundenen Religionsunterrichts. Zugespitzt: Nur ein konfessionsgebundener Religionsunterricht kann sich auf die Wahrheitsfragen einlassen. Je stärker der Unterricht an das Neutralitätsgebot gebunden sein soll, desto mehr verliert er auch an existenzieller Bedeutung und Tiefe.

An dieser Stelle wird deutlich, dass religionsdidaktische Modelle immer auf einen weiterreichenden Hintergrund verweisen, der rechtliche Formen der Institutionalisierung und damit das Verhältnis zwischen Staat und Kirche oder anderen Religionsgemeinschaften betrifft. Religionsdidaktik umfasst eben nicht einfach beliebig übertragbare Technologien, die sich in mechanischer Weise ganz unabhängig von allen Kontexten einsetzen ließen.

Damit ist aber nicht in Zweifel gezogen, dass die verschiedenen Elementarisierungsdimensionen sich sinnvoll auch bei religionskundlichen Themen und wohl auch in einem religionskundlich ausgerichteten Unterricht einsetzen lassen. Die Wahrheitsfrage und die existenziellen Bezüge müssen dann zwar deutlich zurücktreten, aber die Klärung von Inhalten oder Themen, die Berücksichtigung von Zugangsweisen und Erfahrungshintergründen bleiben bei einem solchen Unterricht ebenso wichtig wie die Orientierung an elementaren Lernformen. Der Elementarisierungsansatz zielt auf ein Verständnis von Religionsunterricht, das diesen Unterricht nicht einfach von allen anderen Fächern isoliert. Seine Verankerung in der Allgemeinen Didaktik sorgt vielmehr erwartbar dafür, dass der Religionsunterricht immer auch den allgemeinen Ansprüchen an ein Schulfach gerecht zu werden vermag.

II. Religionsunterricht vorbereiten als Aufgabe der Elementarisierung

1. Zehn Schritte der Planung von Unterricht – am Beispiel »Menschenwürde und Menschenrechte« (Klasse 9/10)

Insgesamt lässt sich die Planung von Unterricht nach dem Elementarisierungsmodell in Gestalt von zehn Arbeitsschritten darstellen, wobei die fünf Dimensionen der Elementarisierung gleichsam den Kern der Unterrichtsvorbereitung bilden. Diese Arbeitsschritte werden im Folgenden nacheinander dargestellt, wobei die verschiedenen Dimensionen der Elementarisierung zugleich weiter konkretisiert und anhand eines Themas exemplarisch veranschaulicht werden. Dafür dient »Menschenwürde und Menschenrechte« für Klassenstufe 9/10 als Beispiel. Für die Unterrichtsplanung kommt als weitere Aufgabe hinzu, dass ein übergreifendes Stundenziel formuliert werden muss, das sich aus der Erarbeitung der fünf Elementarisierungsdimensionen ergeben soll.

Mitunter wird im Zuge der Kompetenzorientierung auf die Formulierung von Stunden- oder Lernzielen verzichtet, was sich in der Praxis jedoch nicht bewährt hat.[27] Kompetenzen beschreiben Fähigkeiten und Fertigkeiten, die sich in einer einzelnen Stunde oder in einer Unterrichtseinheit zwar unterstützen, aber eben nicht so ausbilden lassen, dass von einem erreichbaren Stundenziel gesprochen werden könnte. So ist es etwa durchaus sinnvoll zu sagen, dass in einer bestimmten Stunde »soziale Kompetenz« gefördert werden soll, während die Behauptung, am Ende einer Stunde hätte sich soziale Kompetenz ausgebildet, nicht überzeugen kann. Ganz offensichtlich bliebe eine solche Aussage insofern sinnlos, als sie auf einer deutlich anderen Ebene liegt als die Planung einer Stunde. Einzelne Unterrichtsstunden leisten immer nur einen begrenzten Beitrag zum Aufbau von Kompetenzen. Der Bezug auf Kompetenzen muss gleichwohl auch bei der Bestimmung von Stundenzielen sorgfältig beachtet werden. Genauer gesagt beeinflusst die Entscheidung, welche Kompetenz oder welche Kompetenzen in einer Unterrichtsstunde oder Unterrichtseinheit besonders unterstützt werden sollen, dann auch die Bestimmung von Stundenzielen. Insofern sollte die Reflexion auf Kompetenzen der Formulierung eines Stundenziels vorangehen. Darüber hinaus kann die Frage nach Kompetenzen gleichsam als eine Art kritisch rückblickende Perspektive eingesetzt werden, die am Ende den geplanten Unterricht unter dem Aspekt des erwarteten Kompetenzerwerbs noch einmal Revue passieren lässt. Darüber hinaus sollen Stunden- oder Lernziele selbst kompetenzorientiert formuliert sein.

---

27 Vgl. Friedrich Schweitzer, Religionsunterricht planen: Zum Verhältnis zwischen Kompetenzen und Lernzielen. In: ZPT 70 (2018), 360–371.

Als weitere Anforderung an die Planung und Gestaltung von Unterricht wurde bereits in Teil I der Bezug auf die empirische Unterrichtsforschung genannt. Ein solcher Bezug entspricht dem heutigen Diskussionsstand vor allem in der empirischen Bildungsforschung: Unterrichtsplanung soll sich, wo immer möglich, auf empirische Befunde zur Wirksamkeit bestimmter Formen von Unterricht beziehen. Dieser Bezug kann und soll bei allen Elementarisierungsdimensionen berücksichtigt werden. Zugleich ist es sinnvoll, solche Bezüge von Anfang an, also noch ehe die einzelnen Elementarisierungsdimensionen aufgenommen und bearbeitet werden, in den Blick zu nehmen. Dabei stellt sich allerdings häufig heraus, dass speziell für den Religionsunterricht noch immer sehr wenige empirische Studien zum Unterricht selbst verfügbar sind.[28] Offenbar besteht hier noch eine Lücke, die sich in Zukunft hoffentlich Schritt für Schritt verkleinern wird. Wo solche Befunde bereits vorliegen, sollten sie umso mehr Beachtung finden – Beispiele dazu finden sich in Teil III des Bandes. Auf jeden Fall kann zumindest auf allgemeine Erkenntnisse der empirischen Unterrichtsforschung zurückgegriffen werden – beispielsweise in Gestalt des Prinzips der kognitiven Aktivierung als Anforderung an jede Form von Unterricht[29] – sowie auf Erkenntnisse aus der Kindheits- und Jugendforschung, die gerade für den Elementarisierungsansatz von konstitutiver Bedeutung sind.

Die Reihenfolge, in der die verschiedenen Elementarisierungsdimensionen bei der Unterrichtsplanung bearbeitet werden, liegt nicht fest. Je nach Thema und Situation kann es sich empfehlen, etwa von den elementaren Zugängen oder von den elementaren Wahrheiten auszugehen. Die im Folgenden gewählte Reihenfolge, die bei den elementaren Strukturen einsetzt, ist insofern keineswegs verbindlich. Sie stellt allerdings vielfach den Normalfall dar, da am Anfang der Planung häufig die Entscheidung für ein bestimmtes Thema, auch im Sinne einer Vorgabe von Lehr- oder Bildungsplänen, steht.

Der schrittweisen Erarbeitung der Elementarisierungsdimensionen geht sinnvollerweise eine allgemeine Orientierung voraus, als Identifikation von Ausgangspunkten beispielsweise in den Bildungsplänen, aber auch hinsichtlich des jeweiligen Standes der religionsdidaktischen (Unterrichts-)Forschung.

---

28 Vgl. als Überblick: Friedrich Schweitzer/Reinhold Boschki (Hg.), Researching Religious Education. Classroom Processes and Outcomes, Münster/New York 2018.
29 Vgl. dazu: Mareike Kunter/Ulrich Trautwein, Psychologie des Unterrichts, Paderborn u. a. 2013.

1.1 Ausgangspunkte – Orientierungen

Eine erste Überlegung sollte sich auf die – möglicherweise aktuelle – Bedeutung des gewählten Unterrichtsthemas richten. Schon hier ergeben sich Erkenntnisse dazu, was bei diesem Thema derzeit besonders wichtig sein könnte, wobei immer zugleich von den Kindern und Jugendlichen her gedacht werden muss. Nicht was allgemein – etwa in von Erwachsenen genutzten Medien – als aktuell gilt, kann hier entscheidend sein. Vielmehr sind die möglichen Wahrnehmungen durch Kinder und Jugendliche stets mit zu bedenken.

Häufig steht am Anfang der Unterrichtsplanung aber auch eine Orientierung im Lehr- oder Bildungsplan. Die heute dort in der Regel zu findenden Formulierungen fallen zumeist kurz aus. Im Bildungsplan 2016 für Baden-Württemberg (Gymnasium) heißt es etwa zu Klassenstufe 9/10: »Die Schülerinnen und Schüler setzen sich mit Fragen des Menschseins auseinander.« Im Blick auf Menschenwürde und Menschenrechte wird dies weiter konkretisiert: »sich mit Begründungen für Menschenwürde und Menschenrechte auseinandersetzen (zum Beispiel Ebenbild Gottes, Rechtfertigung, Naturrecht)«. Wie dies geschehen soll, wird nicht vorgegeben – das ist eine Konsequenz der Kompetenzorientierung, die nicht von zu behandelnden Inhalten oder Themen ausgeht, sondern von den zu erwerbenden Kompetenzen. Allerdings gilt auch sonst für Bildungsplanvorgaben, dass sie in der Praxis nicht einfach mechanisch übernommen werden können, sondern dass sie in Eigenverantwortung der Lehrkraft angeeignet werden müssen, indem sie (fach-)didaktisch interpretiert und verantwortet werden.

Schließlich gehört zu diesem allgemeinen vorbereitenden Arbeitsschritt auch die Vergewisserung, ob zu dem gewählten Thema spezifische empirische Untersuchungen zum Religionsunterricht oder zu den Schülerinnen und Schülern vorliegen. Im Falle des Themas »Menschenwürde und Menschenrechte« liegen für den Unterricht selbst bislang keine Untersuchungen vor, aber es kann auf empirische Untersuchungen zu Einstellungen Jugendlicher im Blick auf Menschenrechte verwiesen werden.[30] Teilweise finden dabei auch religiöse Hintergründe spezielle Berücksichtigung.[31] Hier wird dann jeweils zu prüfen sein, was die empirischen Befunde für den Unterricht in Klassen 9/10 implizieren.

---

30 Als Überblick vgl.: Stefan Weyers/Nils Köbel (Hg.), Bildung und Menschenrechte. Interdisziplinäre Beiträge zur Menschenrechtsbildung, Wiesbaden 2016.
31 Vgl. Menschenrechte und Religionsunterricht. Jahrbuch der Religionspädagogik 33, Göttingen 2017.

1.2 Inhaltsbezogene fachwissenschaftliche Klärung: Elementare Strukturen

Damit der Religionsunterricht dem Anspruch auf wissenschaftliche Fundierung im Sinne einer auch in fachlicher Hinsicht forschungsbasierten Religionsdidaktik und Unterrichtsplanung gerecht wird, ist eine Klärung der mit dem jeweiligen Thema angesprochenen Fragen mithilfe der einschlägigen wissenschaftlichen Disziplinen unerlässlich. Dies gilt für alle Schulstufen und Schularten – schon deshalb, weil die Lehrkraft zumindest für sich selbst Klarheit sowie eine reflektierte eigene Position zum Thema gewinnen muss. Auch wenn vonseiten der Schülerinnen und Schüler, etwa in der Grundschule oder in den Eingangsklassen der Sekundarstufe I, nicht unbedingt mit weiterreichenden Fragen gerechnet werden muss, kann eine ausführliche Klärung der elementaren Strukturen daher nicht unterbleiben.

Grundsätzlich ist bewusst zu halten, dass die erste Ausbildungsphase an der Hochschule den Grundstein zum wissenschaftlichen Arbeiten und Forschen legen kann. Während der zweiten und dritten Phase, also dem Referendariat bzw. Vikariat und den ersten Berufsjahren, muss das fachliche Wissen kontinuierlich erweitert und dem jeweils aktuellen Forschungsstand angeglichen werden. Im Sinne eines lebenslangen Lernens wäre eine solche Grundhaltung dauerhaft wünschenswert.

Beim Thema »Menschenwürde und Menschenrechte« sind verschiedene wissenschaftliche Disziplinen angesprochen: Im Kontext des Religionsunterrichts bietet hinsichtlich der im Bildungsplan angesprochenen »Begründungen« die Theologie insofern grundlegende Einsichten, als hier der Zusammenhang zwischen Gottebenbildlichkeit und Menschenwürde herausgearbeitet wird. In der christlichen Ethik wird die Gottebenbildlichkeit nach Gen 1,26f. heute als entscheidende Begründung für eine dem Menschen bedingungslos und unverlierbar verliehene Würde angesehen.[32] Weitere Klärungen aus der Theologie betreffen die in dem als Beispiel herangezogenen Bildungsplan genannten Bezüge auf Rechtfertigung und Naturrecht. Nicht zuletzt aber geht es auch um aktuelle Kontexte, in denen die Frage nach Menschenrechten aufbricht, etwa im Blick auf Flucht und Asyl. Damit sind verschiedene theologische Teildisziplinen berührt, von der biblischen Exegese über die Kirchengeschichte bis hin zur theologischen Ethik.

---

32 Vgl. dazu zusammenfassend: Friedrich Schweitzer, Menschenwürde und Bildung. Religiöse Voraussetzungen der Pädagogik in evangelischer Perspektive, Zürich 2011.

Welche weiteren wissenschaftlichen Disziplinen jeweils bedeutsam sein könnten, ergibt sich wiederum aus dem gewählten Thema. Bei »Menschenwürde und Menschenrechte« kann vor allem an die philosophische Ethik oder auch an die Politikwissenschaft gedacht werden. Darüber hinaus können Religionswissenschaft und nichtchristliche Theologien von Interesse sein, etwa wenn es darum geht, die für die biblische Tradition kennzeichnende Vorstellung der Gottebenbildlichkeit mit Auffassungen in anderen Religionen zu vergleichen. Soziologisch ausgerichtet sind darüber hinaus die bereits genannten Untersuchungen zu Menschenrechten in der Sicht beispielsweise junger Christinnen und Christen und junger Musliminnen und Muslime in Deutschland.

Zu allen diesen Aspekten sind heute zahlreiche wissenschaftliche Untersuchungen verfügbar,[33] und mitunter kann der Versuch, eine Klärung in Bezug auf elementare Strukturen zu erreichen, geradezu in einem lähmenden Schrecken angesichts der Endlosigkeit wissenschaftlicher Diskurse enden. Um dies zu vermeiden, ist es hilfreich, auch bei diesem fachwissenschaftlich orientierten Arbeitsschritt bereits die Lerngruppe mit im Blick zu haben. Denn für die Entscheidung, womit eine genauere Beschäftigung zwingend erforderlich ist und wo sie vielleicht sehr knapp aus- oder gar ganz entfallen kann, spielt der unterrichtliche Kontext eine wichtige Rolle. Auf diese Weise ist dann auch gewährleistet, dass sich die gesamte Unterrichtsvorbereitung, angefangen bei der Klärung von Inhalten und Themen, in einem pädagogisch-didaktischen Horizont bewegt.

1.3 Lebensweltliche Bezüge wahrnehmen: Elementare Erfahrungen

Es wäre wenig sinnvoll, die Frage nach Begründungen für Menschenwürde und Menschenrechte im Unterricht einfach als abstrakt-allgemeine philosophische oder theologische Frage aufnehmen zu wollen, insbesondere in der Sekundarstufe I. Damit diese Frage bei Jugendlichen Interesse findet, ist es erforderlich, sie gleichsam in den ihnen vertrauten Erfahrungskontexten aufzuspüren oder sie zumindest damit zu verbinden. Deshalb bliebe auch ein Unterricht, der die aktuelle Bedrohtheit von Menschenrechten allein mit geografisch weit entfernten Ländern in Verbindung bringt, nicht zureichend, auch wenn die weltweite Dimension von Menschenrechten und Menschenrechtsverletzungen natürlich auch religionsdidaktisch bedeutsam bleibt.

Hinsichtlich bei der Unterrichtsplanung zu identifizierender elementarer Erfahrungen ist aber nicht einfach allgemein nach möglichen Erfahrungsbezügen zu fragen, sondern es muss gezielt geprüft werden, welche Erfahrungen für

---

33 Vgl. dazu die in Anm. 30 und 31 genannte Literatur.

den Unterricht bedeutsam sind und deshalb bei der Planung genauer bedacht werden sollen. Wie stellt sich die Situation im Blick auf Menschenwürde und Menschenrechte in Deutschland derzeit dar? Welche Erfahrungen sind bei den Schülerinnen und Schülern in Klasse 9/10 zu erwarten?

Aus der Jugendforschung geht hervor, dass für Jugendliche nicht ohne Weiteres klar ist, was Menschenrechte eigentlich sind und wodurch sie sich im Vergleich zu anderen Rechten auszeichnen.[34] Darüber hinaus sind auch nicht alle Menschenrechte, wie sie etwa in der Allgemeinen Erklärung der Menschenrechte der Vereinten Nationen von 1948 verbrieft werden, den Jugendlichen als solche bekannt oder, sofern sie ihnen bekannt sind, in ihrer Tragweite transparent. Auch ein – aus Sicht der Erwachsenen – so aktuelles Thema wie »Menschenrechte« macht daher bei Jugendlichen nicht automatisch konkrete Erfahrungsbezüge bewusst. Besonders erfahrungsnah sind für Jugendliche heute allerdings Probleme etwa der informationellen Selbstbestimmung und des Datenschutzes, wie sie beispielsweise bei den entsprechenden Facebook-Skandalen auch für sie unmittelbar greifbar geworden sind. Darüber hinaus haben viele Jugendliche Erfahrungen mit Migration und deren Folgen, bis hinein in die eigene Schule und die Zusammensetzung der Schülerschaft. In welchem Sinne dabei Menschenrechte oder gar ein Bezug auf die Menschenwürde berührt sind, erschließt sich den Jugendlichen allerdings nur selten, etwa wenn sie mit entsprechenden politischen Aktivitäten oder Aktionsgruppen wie »Amnesty International« in Berührung kommen. Als Erfahrungsbezüge sind bei alledem aber auch Abwehrhaltungen anzusprechen, die bei nicht wenigen Jugendlichen in Deutschland zu finden sind. Den empirischen Befunden zufolge sind Aussagen wie »In Deutschland gibt es zu viele Ausländer!« oder »In Deutschland gibt es zu viele Muslime!« zwar keineswegs mehrheitsfähig, treffen jedoch bei einem erheblichen Anteil der befragten Jugendlichen auf Zustimmung.[35] Auch darauf muss der Religionsunterricht schon bei der Unterrichtsplanung eingestellt sein. Lebensweltliche Bezüge wahrzunehmen bedeutet deshalb, sich sowohl auf positive Anknüpfungsmöglichkeiten als auch auf problematische Haltungen und Vorurteile zu beziehen.

Hinsichtlich des Zusammenhangs zwischen Menschenrechten und Menschenwürde sowie Gottebenbildlichkeit kommen noch weitere Erfahrungsbezüge in den Blick. Die Ausbildung einer eigenen Identität jenseits der Herkunftsfamilie gehört zu den zentralen Entwicklungsaufgaben im Jugendalter. Damit verbinden

---

34 Vgl. dazu: Jost Stellmacher/Gert Sommer, Menschenrechte und Menschenrechtsverletzungen: Psychologische Aspekte der Wahrnehmung und Bewertung. Schlussfolgerungen empirischer Studien für die Menschenrechtsbildung. In: Weyers/Köbel, Bildung, 179–204.
35 Vgl. etwa: Friedrich Schweitzer u. a., Jugend – Glaube – Religion. Eine Repräsentativstudie zu Jugendlichen im Religions- und Ethikunterricht, Münster/New York 2018.

sich Fragen von Selbstwert und Anerkennung durch andere. Die biblische Zusage der Gottebenbildlichkeit kann in diesem Zusammenhang durch ihre Bedingungslosigkeit eine grundlegende Bedeutung gewinnen: Sie schließt eine Form der Anerkennung ein, die angesichts schulischer Leistungsansprüche, aber auch von Erwartungen aus der Gruppe der Gleichaltrigen befreiend wirken kann.[36]

1.4 Wie konstruieren Schülerinnen und Schüler das Thema? Elementare Zugänge

Der Hinweis darauf, dass Schülerinnen und Schüler ein Thema nicht nur passiv wahrnehmen, sondern aktiv konstruieren, soll besonders darauf aufmerksam machen, dass Wahrnehmungsprozesse immer einen konstruierenden Charakter aufweisen. Sachverhalte werden nicht einfach so wahrgenommen, wie sie sind, sondern stets so, wie sie eine Person jeweils deutet aufgrund ihrer persönlichen Perspektiven und Deutungsweisen.

Bei solchen Konstruktionsprozessen spielen kognitive und emotionale Aspekte ineinander. Insofern sind an dieser Stelle auch noch einmal die – positiven und negativen – Einstellungen zu Menschen mit einem Hintergrund von Migration, Vertreibung oder Flucht als Beispiel zu nennen.[37]

In der Frage nach Begründungsmöglichkeiten für Menschenwürde und Menschenrechte liegt aber vor allem eine kognitive Herausforderung. Aufschlussreich sind dazu insbesondere die Untersuchungen in der von Lawrence Kohlberg begründeten Tradition der empirischen Moralforschung.[38] Diesen Befunden zufolge kommen universelle Normen wie die Menschenwürde oder Rechte, die der Gesellschaft vorgeordnet sind, lebensgeschichtlich gesehen erst vergleichsweise spät in den Blick. Bei Schülerinnen und Schülern in Klasse 9/10 ist demnach noch eher mit einer Orientierung an einer sogenannten konventionellen Moral zu rechnen, die bei Jugendlichen stark von der Gruppe der Gleichaltrigen beeinflusst wird. Dem entspricht es etwa, dass die »Idee der Menschenrechte« als solche zwar auf »große Akzeptanz« stoßen kann, dass jedoch die konkrete Zustimmung in verschiedenen Bereichen stark variiert.[39]

---

36 Vgl. dazu auch S. 60ff.
37 Vgl. dazu auch S. 130ff.
38 Vgl. Lawrence Kohlberg, Die Psychologie der Moralentwicklung, Frankfurt/M. 1995.
39 Vgl. Stefan Weyers u.a., Zwischen Akzeptanz und Relativierung, universeller Moral und religiösem Gebot. Menschenrechte aus Sicht junger Christen und Muslime. In: Weyers/Köbel, Bildung, 247–276, 255; empirische Befunde auch bei: Hans-Georg Ziebertz/Tobias Benzing, Menschenrechte: Trotz oder wegen Religion? Eine empirische Studie unter jungen Christen, Muslimen und Nicht-Religiösen, Berlin/Münster 2012.

Für die Unterrichtsplanung unter dem Aspekt der elementaren Zugänge sind die Zugangs- und Deutungsweisen von Kindern und Jugendlichen zentral, auch und gerade weil sie sich von den wissenschaftlichen Sichtweisen deutlich unterscheiden können. Zugleich liegen zu bestimmten, gerade für den Religionsunterricht zentralen Aspekten wie dem Zusammenhang zwischen Menschenwürde und Gottebenbildlichkeit noch keine empirischen Befunde vor. Insofern bleibt die Unterrichtsplanung auf eine bewusste Offenheit für unterschiedliche Deutungsweisen angewiesen. Ein Unterricht, der sich allein an den (fach-)wissenschaftlich identifizierten elementaren Strukturen orientieren wollte, ginge an den Schülerinnen und Schülern vorbei und bliebe für sie ohne persönliche Bedeutung. Auch dort, wo nicht auf ausreichende Forschungsergebnisse zurückgegriffen werden kann, sollte zumindest eine diagnostische Sensibilität angestrebt werden, die es ermöglicht, in der Arbeit mit der eigenen Lerngruppe die für die Schülerinnen und Schüler bestimmenden Zugangs- und Deutungsweisen zu identifizieren und sich im Unterricht darauf einzustellen. Dafür können etwa zu Beginn einer Unterrichtseinheit besondere methodische Elemente oder Aufgaben eingeplant werden, deren Bearbeitung durch die Schülerinnen und Schüler Aufschluss über deren Zugangs- und Deutungsweisen geben kann. Dabei geht es nicht nur, wie mitunter gesagt wird, um eine »Lernstandserhebung«, sondern weiterreichend um für die Kinder und Jugendlichen bestimmende Formen der Wirklichkeitskonstruktion.

1.5 Welche Überzeugungen stehen auf dem Spiel? Elementare Wahrheiten

Dieser Arbeitsschritt zielt nicht auf die Vermittlung vorab festliegender Wahrheiten, sondern auf die gezielte Eröffnung von Möglichkeiten, auch persönliche Überzeugungen äußern und kontroverse Wahrheitsansprüche diskutieren zu können. Bei der Vorbereitung von Unterricht ist es deshalb sinnvoll, sich zunächst klarzumachen, in welcher Hinsicht solche Wahrheitsfragen im Unterricht aufbrechen können. Häufig stellen diese Fragen gerade auch die Lehrperson vor Herausforderungen, mit denen auf der Grundlage einer entsprechenden Vorbereitung besser umgegangen werden kann. Darüber hinaus sollte bei der Unterrichtsplanung bedacht werden, an welchen Stellen der geplante Unterrichtsprozess auch zu existenziell bedeutsamen Fragen ermutigen kann.

Das Thema »Menschenwürde und Menschenrechte« lässt sich im Sinne eines historischen Sachverhalts behandeln, etwa hinsichtlich der langen Geschichte der Durchsetzung von Menschenrechten. Auch das Verständnis von Gottebenbildlichkeit lässt sich durchaus in distanzierter Form bearbeiten, etwa indem die Unterschiede zwischen dem biblischen Verständnis und den für andere altorientalische Kulturen kennzeichnenden Auffassungen herausgearbeitet werden. Offen bleibt dann allerdings die Frage, was das für die Schülerinnen und Schüler selbst bedeutet oder bedeuten kann. Haben auch sie eine solche Würde? Sind sie tatsächlich Gottes Ebenbild? Und was könnte dies konkret für sie und ihr Leben bedeuten?

Fragen nach Identität und Selbstwert, so hat sich bei den elementaren Erfahrungen und Zugängen gezeigt, sind im Jugendalter von hervorgehobener Bedeutung. Insofern könnte der biblische Glaube oder die damit verbundene, von Gott dem Menschen verliehene Würde durchaus auch eine existenzielle Bedeutung gewinnen. Aber ist dieser Glaube auch tragfähig? Wie würde sich das eigene Leben ändern, wenn dieser Glaube wirklich wahr wäre? Solche Fragen verweisen zugleich auf den Schöpfungsglauben, der heute für viele Jugendliche fragwürdig geworden ist.[40] Gerade deshalb ist es wichtig, dass sich der Unterricht auch für entsprechende Wahrheitsfragen offen erweist.

Im Religionsunterricht kann es nicht darum gehen, den Schülerinnen und Schülern eine bestimmte Auffassung als einzig richtig oder wahr vorzustellen. Die Unterrichtsplanung sollte allerdings gezielt dafür sorgen, dass Wahrheitsfragen im Unterricht Beachtung finden können. Genau dies macht den Religionsunterricht spannend – als ein Fach, das programmatisch auch die Klärung existenzieller Fragen einschließen kann.

1.6 Unterrichtsprozesse gestalten: Elementare Lernformen

Die mit der Dimension der elementaren Lernformen verbundene Aufgabe lässt sich so beschreiben, dass Lernformen gefunden oder entwickelt werden müssen, die den in den anderen Dimensionen identifizierten Anforderungen entsprechen. Bei dem hier gewählten Beispiel stellen sich in dieser Hinsicht etwa folgende Fragen: Welche Unterrichtsmethoden können gewährleisten, dass aktuelle Erfahrungen mit Menschenwürde und Menschenrechten tatsächlich zum Tragen kommen? Wie können die Zugangs- und Deutungsweisen der Schülerinnen und Schüler im Unterricht Ausdruck gewinnen? Mit welchen Lernarrangements kann auch konfligierenden religiösen Überzeugungen im Sinne der elementaren Wahrheiten im Unterricht Raum gegeben werden?

Die für den Religionsunterricht oder auch allgemein für die Unterrichtsgestaltung verfügbare Methodenliteratur kann bei diesem Arbeitsschritt wichtige Anregungen bieten. Durchweg bleibt aber zu beachten, dass der durch die ver-

---

40 Vgl. dazu S. 60 ff.

schiedenen Elementarisierungsdimensionen bestimmte Horizont wichtiger ist als etwa die in dieser Literatur gebotenen Empfehlungen bestimmter Methoden. Solche Empfehlungen fallen notwendig abstrakt aus, weil sie sich nicht auf ein bestimmtes Thema beziehen, sondern auf (Religions-)Unterricht allgemein. In elementarisierungstheoretischer Perspektive sind die Lernformen spezifisch in den thematischen Zusammenhang einzubinden.[41] Zugleich verlieren allgemeine Erkenntnisse zu Unterrichtsmethoden nicht einfach ihre Bedeutung. So sollte beispielsweise – in Übereinstimmung mit den meisten Veröffentlichungen zu unterrichtsmethodischen Fragen – auch für die elementaren Lernformen das Prinzip eines aktiv-entdeckenden Lernens maßgeblich sein.

1.7 Welche Konsequenzen ergeben sich aus der Unterrichtsforschung?

Soweit Befunde aus der empirischen Unterrichtsforschung nicht bereits bei den beschriebenen fünf Schritten entlang der Elementarisierungsdimensionen einbezogen wurden, ist nun der Punkt erreicht, an dem noch einmal systematisch geprüft werden muss, welche empirisch gestützten Erkenntnisse hier zu berücksichtigen sind.

Beim Thema »Menschenwürde und Menschenrechte« fehlt es bislang an Untersuchungen zum Religionsunterricht und seiner Wirksamkeit.[42] Verwiesen wurde stattdessen auf allgemeine Befunde aus der Unterrichtsforschung zur Moralpsychologie, insbesondere im Anschluss an L. Kohlberg. Daraus ergeben sich wichtige Hinweise, die an dieser Stelle für die Unterrichtsplanung noch einmal aufgenommen werden können. Exemplarisch seien zwei Aspekte genannt:
- Im Sinne der kognitiven Aktivierung sind besonders solche Aufgaben wichtig, bei denen die von den Schülerinnen und Schülern mitgebrachten Deutungsweisen gezielt infrage gestellt werden. Dies gelingt jedoch nur, wenn

---

41 Vgl. zum vorliegenden thematischen Zusammenhang: Wolfgang Benedek (Hg.), Menschenrechte verstehen. Handbuch zur Menschenrechtsbildung, Wien/Graz 2017; Peter-Michael Friedrichs (Hg.), Menschenrechte im Unterricht (Das Lehrerbuch), München 2002.
42 Zum religionspädagogischen Diskussionsstand vgl.: Manfred Pirner/Johannes Lähnemann/Heiner Bielefeldt (Hg.), Human Rights and Religion in Educational Contexts, ohne Ort (Springer International) 2016; Anders Sjöborg/Hans-Georg Ziebertz (Hg.), Religion, Education and Human Rights. Theoretical and Empirical Perspectives, ohne Ort (Springer International) 2017; zu Fragen der Wirksamkeit von (Religions- und Ethik-)Unterricht vgl. auch: Friedrich Schweitzer, Wie wirksam ist Wertebildung in der Schule? Zur Wirksamkeit ethischer Bildung im Fachunterricht. In: Georg Wagensommer/Friedrich Schweitzer (Hg.), Wertebildung, Interesse und Religionsunterricht. Ethisch und religiös ausgerichteter Unterricht im Vergleich. Theoretische und empirische Untersuchungen zur Wirksamkeit des BRU, Münster/New York 2018, 23–35.

die Aufgaben zugleich an die vorhandenen Deutungsweisen anschließen und sie gezielt herausfordern.
- Im Sinne eines entdeckenden Lernens kommt es darauf an, die Schülerinnen und Schüler nicht nur bestimmte Urteile oder Haltungen zum Ausdruck bringen zu lassen, sondern sie immer wieder zur Entwicklung eigener Begründungen anzuregen.

1.8 Welche Kompetenzen sollen besonders gefördert werden?

Zumindest in gewisser Weise werden insbesondere die in den Bildungsplänen aufgeführten prozessbezogenen Kompetenzen – Wahrnehmungsfähigkeit, Deutungsfähigkeit, Urteilsfähigkeit, Dialogfähigkeit, Gestaltungsfähigkeit – in fast allen Religionsstunden auf die eine oder andere Weise berührt. Auch andere, stärker inhaltsbezogene Kompetenzen etwa Bibel, Gotteslehre oder christliche Ethik betreffend sind sehr häufig auch dann im Spiel, wenn sie nicht im Zentrum stehen. Es ist durchaus sinnvoll, sich klarzumachen, dass solche Kompetenzen im Religionsunterricht durchweg eine Rolle spielen. Wenn bei der Unterrichtsplanung aber lediglich in dieser allgemeinen Weise von einer Förderung von Kompetenzen ausgegangen wird, bleibt die Planung diffus und wird am Ende nicht alles, sondern eher nichts erreicht. Insofern empfiehlt es sich, an dieser Stelle die Entscheidung für wenige ausgewählte Kompetenzen zu treffen, vielleicht sogar für nur eine Kompetenz, die in der zu planenden Stunde dann wirklich intensiv unterstützt werden kann. Dies soll an dieser Stelle geschehen, weil die Festlegung von Stundenzielen, wie sie im nächsten Arbeitsschritt durchgeführt werden soll, eine solche Auswahlentscheidung bereits voraussetzt. Denn Stundenziele lassen sich nur begründet formulieren, wenn auch klar ist, welche Kompetenz(en) hier besondere Aufmerksamkeit erhalten soll(en).

1.9 Stundenlernziel(e) beschreiben

Durch die Lehr- oder Bildungspläne sind dem Unterricht heute Kompetenzen vorgegeben, die im Unterricht unterstützt werden sollen. Insofern könnte auch überlegt werden, ob der herkömmliche Begriff der (Lern-)Ziele überhaupt noch sinnvoll ist. Ersetzen die Kompetenzformulierungen nicht auch die Zielbeschreibungen? Um es noch einmal festzuhalten: In der Erfahrung von Praxis und Ausbildung hat sich gezeigt, dass auf klare Zielformulierungen bei der Planung von Unterrichtsstunden nicht verzichtet werden kann. Kompetenzen sind in aller Regel so weit gefasst, dass sich der Beitrag, den eine Einzelstunde zu ihrer Ausbildung leisten kann, kaum präzise angeben lässt. »Soziale Kompetenz« oder »Kommunikationskompetenz« beispielsweise können und sollen in Einzelstunden sicherlich unterstützt werden, aber sie lassen sich als Ziele einer Einzelstunde nicht angemessen fassen. Daran ändert sich auch prinzipiell nichts, wenn Unterricht nicht einfach für Einzelstunden, sondern für größere Einheiten geplant wird. Kompetenzen sind gleichsam eine zu große Währung für den notwendig begrenzten Horizont der Einzelplanung. Sie können diesen Horizont durch größere Zusammenhänge erweitern, was sinnvoll ist, aber die Formulierung von Stundenzielen können und sollen sie nicht ersetzen.[43]

Auch der Ausweis von Teillernzielen bleibt insofern bedeutsam, als das übergeordnete Stundenziel noch einmal genau hinsichtlich der für das Erreichen dieses Ziels erforderlichen Voraussetzungen analysiert werden muss. Im Vordergrund stehen bei diesem Schritt noch nicht die zeitliche Planung und Abfolge, sondern der vom Thema her bedingte innere Sachzusammenhang.

Dass Stundenziele sowie Teilziele ihrerseits kompetenzorientiert beschrieben werden sollen, wurde bereits gesagt. Im Blick auf das Thema »Menschenwürde und Menschenrechte« würde dies bedeuten, dass die Ziele des Unterrichts nicht einfach als ein Kennen, sondern als ein Können gefasst werden (etwa: Die Schülerinnen und Schüler können erläutern, was der Zusammenhang zwischen Gottebenbildlichkeit und Menschenwürde für die Begründung von Menschenrechten bedeutet).

Bezeichnend für den Elementarisierungsansatz ist der Anspruch, dass Stundenziele auf der Grundlage der in den verschiedenen Elementarisierungsdimensionen erarbeiteten Ergebnisse formuliert werden sollen. Die Zielfindung ist also Resultat der vorangehenden Planungsschritte, und dies sollte auch ausdrücklich ausgewiesen werden. Ein klares Deduktionsverhältnis ist zwar nicht zu erwarten – Unterrichtsplanung ist ein kreativer Prozess –, aber zumindest sollten die Gründe erkennbar sein, die angesichts der erarbeiteten Ergebnisse zu genau diesem Stundenziel führen.

Eine weitere Aufgabe ergibt sich aus der Frage, in welcher Weise am Ende einer Stunde oder einer Unterrichtseinheit überprüft werden kann, ob die erhofften Lernprozesse und die geplante Förderung von Kompetenzen tatsächlich stattgefunden haben. Das kann am besten durch die Formulierung von Aufgaben geschehen, deren Bearbeitung durch die Schülerinnen und Schüler einen entsprechenden Kompetenzzuwachs erkennen lässt. Bei diesem Thema könnte beispielsweise ein kurzer Leserbrief für die Lokalzeitung zum Thema »Menschenwürde, Menschenrechte und Asyl« entworfen werden. Dazu könn-

---

43 Vgl. dazu: Schweitzer, Religionsunterricht.

ten aktuelle Zusammenhänge vor Ort aufgegriffen werden, die dann in die Aufgabenstellung eingebaut werden.

1.10 Übertragung in ein Planungsschema

Der letzte Arbeitsschritt besteht in der Übertragung der bisherigen Arbeitsergebnisse und Planungsüberlegungen in eines der üblichen Schemata. Bewährt hat sich beispielsweise folgende Form:

Zeit	Unterrichtsverlauf nach Phasen	Organisations-/ Sozialform, Schüleraktivität	Medien/ Materialien	Bezug zum angestrebten Ziel (ggf. zur angestrebten Kompetenz)

Die neue Aufgabe bei diesem Schritt erwächst vor allem aus der zeitlichen Planung. Wieviel Zeit ist für welche Phase erforderlich und sinnvoll? Besonders für diejenigen, die noch über wenig Erfahrungen mit der Unterrichtsgestaltung verfügen, liegt auch darin eine durchaus ernst zu nehmende Herausforderung. Wie dabei die verschiedenen Elementarisierungsdimensionen ins Spiel kommen, wird unter dem Aspekt der Artikulation von Unterricht im nächsten Teilkapitel genauer dargestellt.[44]

Ein eigenes Problem stellen im Übrigen auch die Medien und Materialien dar. Der Sache nach gehören sie mit zu den elementaren Strukturen, und sie sollten auch im Blick auf die anderen Elementarisierungsdimensionen reflektiert werden. Mitunter werden für den Unterricht ohne weitere Begründung oder Analyse bestimmte Medien wie etwa Bilder oder Film-Clips gewählt, durch die der Inhalt bereits eine starke Interpretation erfährt. So ist beispielsweise das biblische Gleichnis vom Verlorenen Sohn etwas anderes als die bekannte Rembrandt-Darstellung, die sich heute in fast allen Religionsbüchern dazu findet. Ist Rembrandts Darstellung der biblischen Erzählung angemessen? Müsste sie nicht als eine Deutung unter zahlreichen anderen Darstellungsmöglichkeiten eigens didaktisch reflektiert werden?

---

44 Vgl. S. 49 ff.

Insgesamt kann dieser letzte Planungsschritt als eine Art »Probe aufs Exempel« verstanden werden. Denn hier zeigt sich, ob sich die erarbeiteten Ergebnisse und Planungsüberlegungen tatsächlich in eine Form bringen lassen, die für den Unterricht umsetzbar ist. Wenn beispielsweise die zeitliche Planung besonders schwerfällt und Unterrichtsphasen unverhältnismäßig kurz oder lang ausfallen, kann dies ein wichtiger Warnhinweis zu Planungsfehlern sein. Solche Fehler lassen sich dann aber nicht gleichsam am Symptom – also in der schematischen Planung – beheben, sondern machen den Weg zurück zu der Ursache in früheren Arbeitsschritten erforderlich.

2. Die Dimensionen der Elementarisierung und die Artikulation von Unterricht

Bei der Planung von Unterricht stellt sich ganz automatisch auch die Frage, wie der Ablauf einer Unterrichtsstunde aussehen soll. Diese Frage wurde in der religionsdidaktischen Diskussion bislang noch zu wenig mit dem Elementarisierungsmodell verbunden, weshalb sie an dieser Stelle eigens aufgenommen wird.

Grundsätzlich sind alle fünf Dimensionen der Elementarisierung für sämtliche Phasen des Unterrichts zu beachten. Gleichwohl können sie bei der Planung einer Stunde aber auch in bestimmten Phasen eine hervorgehobene Rolle spielen, auch wenn sich dies nicht in ein festliegendes Schema bringen lässt. So gibt es beispielsweise naturgemäß unterschiedliche Möglichkeiten, die Einstiegsphase einer Stunde zu gestalten, und dabei kommen auch verschiedene Elementarisierungsdimensionen vorrangig zum Zuge. Insofern zielt nachfolgende Zuordnung von Elementarisierungsdimensionen zu bestimmten Phasen des Unterrichts auf exemplarische Realisierungsmöglichkeiten, die nicht als feste Vorgabe anzusehen sind.

In der didaktischen Tradition besteht der Anspruch an die Lehrkraft, den Schülerinnen und Schülern durch eine in verschiedene Unterrichtsschritte gegliederte Verlaufsform und einen gestuften Aufbau des Unterrichtsprozesses das Lernen zu erleichtern. Einem inneren Spannungsbogen folgend soll der Unterricht in Teilschritte gegliedert werden, welche die Prozess- und Zeitstruktur bestimmen. Im Idealfall weist somit jede Unterrichtsstunde eine bestimmte Struktur in Form von sinnvoll aneinander anknüpfenden und logisch aufeinander aufbauenden Phasen auf, in denen sich der Unterrichtsprozess vollzieht. Diese Strukturierung einer Unterrichtsstunde wird als Stufenbildung, Phasierung oder auch Artikulation (vgl. lat. articulatus: gegliedert, verständlich) von Unterricht bezeichnet.

Auf die zum Teil miteinander konkurrierenden Vorschläge, die für die Artikulation von Unterricht in der Literatur zu finden sind, sei an dieser Stelle lediglich verwiesen.[45] Im vorliegenden Zusammenhang genügt es, von einem einfachen Grundrhythmus des Unterrichts auszugehen, der in (fast) jeder Unterrichtsstunde vorkommt und der eher alltagssprachlich als wissenschaftlich als »Einstieg – Erarbeitung – Ergebnissicherung« beschrieben werden kann. Wie lassen sich die Dimensionen der Elementarisierung diesen Unterrichtsphasen schwerpunktmäßig zuordnen?

Vorab kann festgehalten werden, dass sich die Aufgabe der methodischen Gestaltung des Unterrichts, auf die in der Dimension der elementaren Lernformen reflektiert wird, natürlich auf jede Phase des Unterrichts beziehen muss. So können die Überlegungen bezüglich der elementaren Lernformen bei der Unterrichtsplanung dafür Sorge tragen, dass die Methodenauswahl mit Blick auf jeden einzelnen Unterrichtsschritt in sinnvoller und didaktisch reflektierter Art und Weise erfolgt. Letzten Endes zeichnen weder methodische Monotonie noch übereifriger Methodenwechsel, sondern abwechslungsreiche sowie sachlich sinnvolle Lern- und Sozialformen und ein bewusster und verantwortungsvoller Medieneinsatz eine gelungene Stunde aus.

(1) Die *Einstiegsphase* hat vor allem die Funktion der Hinführung, Anknüpfung, Motivation oder auch Konfrontation der Schülerinnen und Schüler mit einem bestimmten Sachverhalt oder Unterrichtsgegenstand. Zu diesem Zweck wird zu Beginn des Unterrichts und häufig unter Einsatz eines Mediums (Bild, Zitat, Lied, Gegenstand etc.) eine beispielsweise problematische (Alltags-)Situation ins Bewusstsein gerufen, ein historischer Sachverhalt vergegenwärtigt, ein aktuelles Ereignis aufgegriffen oder an frühere Unterrichtsergebnisse angeknüpft. Im Horizont der Kompetenzorientierung werden gerne sogenannte Anforderungssituationen an den Beginn einer Stunde gestellt. Damit sind Problemstellungen gemeint, zu deren Lösung ein bestimmtes (religiöses) Wissen und Können erforderlich ist.[46] Insgesamt kann die Einstiegsphase sehr variabel gestaltet werden. Im Idealfall werden Neugier und Interesse der Schülerinnen und Schüler geweckt, kommt es zu einer ersten kognitiven Aktivierung und wird die für den weiteren Unterrichtsverlauf entscheidende Motivation erzeugt oder gesteigert. Damit dies tatsächlich geschieht, müssen zwei der Elementarisierungsdimensionen besonders beachtet werden:

---

45 Für zusammenfassende Übersichten vgl.: Hilbert Meyer, Unterrichtsmethoden, 2 Bde., Berlin ^{17}2016; Volker Huwendiek, Unterrichtsmethoden. In: Gislinde Bovet/Volker Huwendiek (Hg.), Leitfaden Schulpraxis. Pädagogik und Psychologie für den Lehrberuf, Berlin ^{10}2014, 70–109.
46 Vgl dazu S. 107.

- Zum einen betrifft dies die Erfahrungen der Schülerinnen und Schüler, die aufzugreifen sind und an die anzuknüpfen ist. Je einleuchtender die unmittelbare Relevanz eines Sachverhalts dargelegt wird, je überraschender sich eventuell eine Parallele zwischen einem zunächst eher abstrakten und scheinbar ganz fern liegenden Unterrichtsgegenstand zu der konkreten Lebens- und Erfahrungswelt der Schülerinnen und Schüler abzeichnet, desto mehr Sinn macht es schließlich in der Wahrnehmung der Kinder und Jugendlichen, Genaueres darüber zu erfahren und daran weiterzuarbeiten.
- Zum anderen müssen aber auch die elementaren Zugänge bereits an dieser Stelle im Fokus sein. Denn Interesse sowie die für einen kognitiv aktivierenden Unterricht grundlegenden Fragen können bei den Schülerinnen und Schülern nur dann entstehen, wenn die Unterrichtsvorbereitung darauf eingestellt ist, wie die Kinder und Jugendlichen selbst das entsprechende Thema wahrnehmen, deuten oder konstruieren. Nicht alles beispielsweise, was Erwachsenen aktuell als brennende Ungerechtigkeit erscheint, wird auch von Kindern so wahrgenommen. Zudem kann elementarisierender Unterricht nur gelingen, wenn den Schülerinnen und Schülern von Anfang an klar ist, dass sie hier mit ihren eigenen Vorstellungen gefragt sind und zum Zuge kommen sollen.

Insofern kann der Einstieg in den Unterricht in besonderer Weise von einer sorgfältigen Beachtung der elementaren Erfahrungen und der elementaren Zugänge profitieren. Dafür müssen die theoretischen Erkenntnisse in konkrete didaktische Vollzüge übertragen und umgesetzt werden – mit anderen Worten muss ein Einstieg konzipiert werden, der einen (überraschend) direkten Bezug zu den lebens- und erfahrungsweltlichen Zusammenhängen sowie zu den Sichtweisen der Schülerinnen und Schüler bieten kann.

Auch wenn der Einstieg hier als erster Arbeitsschritt genannt wird, ist er in der Praxis der Unterrichtsplanung nicht selten der zuletzt konzipierte Baustein – eben weil erst dann feststeht, wie die gesamte Stunde aussehen soll.

(2) Die *Erarbeitungsphase* bildet allein schon mit Blick auf den zeitlichen Umfang zumeist den Hauptteil einer Unterrichtsstunde. In der Regel stellt die Lehrkraft geeignete Medien (Text, Bild, Film etc.) bereit, anhand derer die Schülerinnen und Schüler eine auf das Unterrichtsthema bezogene Fragestellung bearbeiten. In dieser auf Problemdurchdringung, sachliche Klärung und Erkenntnisgewinn gerichteten Phase spielen die Inhalte eine hervorgehobene Rolle – also die Dimension der elementaren Strukturen. Es wäre jedoch verfehlt, anzunehmen, dass es nunmehr allein auf die fachlichen Inhalte ankomme. Beim Elementari-

sierungsmodell wird vielmehr ebenso wie in der Pädagogischen Psychologie betont, dass Lernen stets subjektbezogen geschieht und somit nie allein von den fachwissenschaftlich bestimmten Inhalten her konzipiert werden kann. Insofern ist der konstitutive Bezug auf die elementaren Zugänge und elementaren Erfahrungen keineswegs auf eine motivierende Einstiegsphase beschränkt. Stattdessen kommt es auch in der Erarbeitungsphase auf eine konsequente Verknüpfung von Strukturen, Erfahrungen und Zugängen an.

Dies lässt sich auch noch in einer weiteren Hinsicht verdeutlichen, nämlich im Blick auf den Umgang mit fachlichem Wissen im Unterricht. Im Zuge der Unterrichtsvorbereitung steht die Lehrkraft im Anschluss an jede fachwissenschaftliche Klärung von Sachverhalten vor der didaktischen Aufgabe, eine inhaltliche Auswahl zu treffen und mit Blick auf die jeweilige Lerngruppe eine Konzentration auf den wesentlichen Kern des Themas vorzunehmen. Schon die elementaren Strukturen lassen sich also nicht einfach aus der Fachwissenschaft ableiten, sondern nur in einer didaktischen, auf das Lernen bestimmter Kinder und Jugendlicher bezogenen didaktischen Reflexion identifizieren. Entsprechendes gilt dann auch für die Auswahl von Medien. Und wiederum ist zu betonen, dass es bei all dem auf das Zusammenspiel der verschiedenen Elementarisierungsdimensionen ankommt. Daher sollten beispielsweise Texte zur Erarbeitung eines Themas so ausgewählt oder gestaltet sein, wie es den für die elementaren Strukturen bezeichnenden Kriterien von Auswahl und Reduktion von Inhalten und Informationen entspricht, was aber immer nur mit Blick auf eine bestimmte Lerngruppe sowie deren Erfahrungen und Deutungsweisen möglich ist.

Dass bei der Erarbeitung von Themen im Religionsunterricht immer auch Wahrheitsfragen aufbrechen (können), ist unter dem Aspekt der Elementarisierung besonders wichtig. Andernfalls würde es sich um eine reine (Religions-)Sachkunde handeln, die den Ansprüchen eines lebensbedeutsamen Religionsunterrichts nicht gerecht wird. Da sich Wahrheitsfragen aber doch besonders häufig in der Abschlussphase einer Unterrichtsstunde stellen, soll erst im nächsten Abschnitt genauer auf diese Elementarisierungsdimension eingegangen werden.

(3) Bei der Unterrichtsphase der *Ergebnissicherung* geht es nicht nur um das schriftliche Fixieren der zuvor erarbeiteten Erkenntnisse. Vielmehr können auch Vertiefung, Reflexion und Transfer von Inhalten der längerfristigen Sicherung von Lernfortschritten dienen. Sachverhalte können dabei auf methodisch vielfältige und kreative Weise bewertet, hierarchisiert, vertieft, interpretiert, eingeordnet oder in einen Zusammenhang mit anderen Inhalten und Erfahrungen gestellt werden. In dieser Unterrichtsphase ist somit auch noch einmal besonders

Raum für persönliche Stellungnahmen sowie für die Reflexion des eigenen Standpunktes im Verhältnis zu einem bestimmten Unterrichtsinhalt.

In hervorgehobener Weise können im Zuge dieses Unterrichtsschrittes die Wahrheitsfragen zum Tragen kommen und die Schülerinnen und Schüler zu existenziellen Auseinandersetzungen mit Inhalten, Aussagen und Sachverhalten angeregt werden, wie es der Dimension der elementaren Wahrheiten entspricht. Eine gute Religionsstunde kann nur davon profitieren, wenn die Schülerinnen und Schüler in der Phase der Ergebnissicherung zur Auseinandersetzung mit Wahrheitsfragen ermutigt werden und das persönliche Verhältnis zum erarbeiteten Thema auch fragend-kritisch reflektieren. Dabei erfolgt die Ermutigung zur existenziellen Auseinandersetzung nicht mit dem Ziel, einen bestimmten Standpunkt zu vermitteln, sondern vielmehr mit offenem Ausgang. Entsprechend ist gerade hier breiter Raum für Meinungsaustausch und Diskussion zu geben.

Hinsichtlich der Artikulation von Unterricht können vom Elementarisierungsmodell somit über die bewährte Anwendung in der Unterrichtsvorbereitung hinaus noch weitere konkrete Impulse für die didaktische Planung und praktische Ausgestaltung des Unterrichts ausgehen. Eine solche unmittelbar unterstützende Funktion der elementaren Dimensionen für die Strukturierung der unterrichtlichen Verlaufsform durch die gezielte Beachtung und Anwendung der verschiedenen Elementarisierungsdimensionen in entsprechenden Unterrichtsphasen zielt auf die Förderung von mehr Klarheit und didaktischer Strukturierung in der Unterrichtsplanung und Durchführung und somit letztendlich auf eine Verbesserung der Unterrichtsqualität.

3. Praktische Hinweise und Erschließungsfragen für Einsteigerinnen und Einsteiger

3.1 Hinführung

Eine in der Unterrichtsforschung bisher noch wenig beachtete Phase ist die der ganz konkreten *Planung und Vorbereitung von Unterricht*. Es gibt bisher wenig verlässliche oder verallgemeinerbare Angaben dazu, wie viel Zeit Lehrende im Vorfeld am Schreibtisch aufwenden und sich für die Recherche von Literatur sowie das Zusammentragen von Materialien nehmen. Intuitiv werden vor allem Religionslehrerinnen und -lehrer antworten, dass sich die Beschäftigung mit möglichen (religiösen) Themen oder Ideen stets auch im Alltag ereignet. So kann ein Theaterbesuch, das Lesen der Tageszeitung oder ein Gespräch unter Freunden impulsgebend sein. Auch wenn sich Unterrichtsideen vielfach spontan oder assoziativ ergeben mögen, bedarf es aber einer strukturierten Vorgehensweise, die sicherstellt, dass alle Dimensionen bedacht wurden und die Inhalte und didaktischen Herangehensweisen dem Thema gerecht werden. Es liegt auf der Hand, dass guter Religionsunterricht – nicht nur, aber zu einem großen Teil – auf der grundständigen Vorbereitung im Studium fußt, um theologisch profund, zeitgemäß und schülerorientiert Unterrichtsinhalte auswählen und auf Fragen reagieren zu können.

Das Elementarisierungsmodell kann systematisierend dabei helfen zu überprüfen, ob die Themen für die einzelnen Dimensionen tatsächlich ausgelotet wurden. Die folgende exemplarische Zusammenstellung stellt vor allem für Studierende sowie Referendarinnen und Referendare eine erste Orientierung dar.

3.2 Wie gelange ich zum »Kern der Sache«? Elementare Strukturen

Zunächst ist es sinnvoll zu prüfen, wie die Vorgaben in den jeweiligen Bildungsplänen lauten und welche Kompetenzen ausgewiesen sind. Zudem gibt es zum Teil ein sogenanntes Schulcurriculum, das von Schule zu Schule variiert. In einem weiteren Schritt ist es hilfreich, sich von vornherein davon zu entlasten, alle Inhalte aufnehmen zu wollen. Eine begründete Auswahl von Unterrichtsinhalten gelingt zumeist dann, wenn bereits im Vorfeld entschieden wird, ob ein Thema z. B. aus historischer, exegetischer, systematisch-theologischer, biografischer oder empirischer Sicht behandelt werden soll. Solche Grundsatzentscheidungen bezüglich der Auswahl von Unterrichtsinhalten lassen sich so auch gut in der Formulierung des Stundenthemas ausweisen. Bei der konkreten Unterrichtsplanung sollten folgende Fragen geklärt sein:

- Welche Monografien, Sammelbände, Handbücher, fachspezifische Lexika, (religionspädagogische) Reihen und wissenschaftliche bzw. fachdidaktische Zeitschriften sind für das Thema einschlägig?
- Welche Literatur liegt aus dem gewählten Schwerpunkt für die Stunde in Bezug auf weitere theologische Disziplinen vor, etwa der Kirchengeschichte, der Systematischen Theologie, dem Neuen und Alten Testament sowie der Praktischen Theologie?
- Welche Schulbücher bzw. Unterrichtshilfen sind für das jeweilige Bundesland zugelassen?
- Welche Literatur aus Bezugswissenschaften wie der Erziehungswissenschaft, der Psychologie, der Soziologie oder der Religionswissenschaft oder weiteren Wissenschaften ist bei diesem Thema wichtig?

- Gibt es zum ausgewählten Thema weiterführende Literatur, die im europäischen oder internationalen Kontext greifbar ist und erweiterte oder alternative Sichtweisen bietet?

Vielfach lässt sich in der Praxis feststellen, dass Unterrichtshilfen und didaktisch bereits gut aufgearbeitetes Material gerne ausgewählt und eingesetzt werden. Dies ist verständlich und mag bei einem vollen Lehrauftrag manchmal auch nicht anders realisierbar sein. Trotzdem zeigen die elementarisierenden Erschließungen in Teil III des Bandes, dass es für einen guten Unterricht beide Zugangsweisen braucht – eine wissenschaftlich orientierte und eine praxisorientierte –, um auch langfristig Änderungsprozesse wahrzunehmen und Unterrichtsinhalte an die Unterrichtsforschung anzupassen.

3.3 Was erleben Kinder und Jugendliche? Elementare Erfahrungen

Auch wenn sich gerade junge Lehrende den Schülerinnen und Schülern noch recht nahe und verbunden fühlen, bedarf es einer sensiblen und gründlichen Auslotung der Erfahrungen von Kindern und Jugendlichen. Gerade der Religionsunterricht hat durch die Beschäftigung mit lebensnahen und sensiblen Themen wie etwa Tod, Trauer und Abschied besondere Aufgaben zu erfüllen. Deshalb müssen folgende Fragen geklärt werden:
- Welche Erfahrungen haben die Schülerinnen und Schüler mit dem Thema gemacht? Gibt es Themen, die aufgrund einer aktuellen Situation eines Schülers oder einer Schülerin besser ausgeklammert werden sollten?
- Gibt es Schülergruppen, die ggf. ablehnend auf ein Thema reagieren könnten (z. B. Mobbing, eigene oder familiäre Erkrankungen, Verlusterfahrungen, finanzieller Hintergrund der Familie)?

Zudem gilt es allgemein für den Unterricht zu ermitteln:
- Welche Schulart und Klassenstufe liegen vor? Wie ist die Zusammensetzung der Gruppe in Bezug auf Genderfragen, Altersunterschiede oder die soziale Herkunft?
- Wie steht es um das Sozial-, Arbeits- und Lernverhalten der Schülerinnen und Schüler? Was kennzeichnet die Klassenatmosphäre?
- Welche Beziehung besteht zwischen der/dem Lehrenden und den Schülerinnen und Schülern?
- Wie sehen die Lernumstände aus? Was bedeutet der Zeitpunkt im Stundenplan für den Unterricht? Wie ist der Unterrichtsraum beschaffen?

3.4 Wie verstehen Kinder und Jugendliche das Thema? Elementare Zugänge

Bei den elementaren Zugängen müssen folgende Fragen geklärt sein: Welche Literatur ist in Bezug auf das gewählte Thema aus entwicklungspsychologischer, kognitionspsychologischer, psychologischer oder soziologischer Sicht wichtig? Gibt es im Bereich der Kindertheologie oder der Jugendtheologie Erkenntnisse oder Fragestellungen, die weiterführend und hilfreich sein könnten? Gibt es im Bereich der Kinder- und Jugendforschung hilfreiche Hinweise, die eine bessere Planung im Vorfeld ermöglichen?[47]

3.5 Konfligierende Wahrheitsansprüche? Elementare Wahrheiten

Die elementaren Wahrheiten sind zumeist eng mit den elementaren Strukturen verknüpft. Die Auswahl der Inhalte ist häufig bereits davon gesteuert, welche Überzeugungen die Lehrperson selbst bezüglich eines Themas vertritt. Deshalb sollten folgende Fragen eigens geklärt werden:
- Gibt es Schülerinnen und Schüler, die eine ganz eigene Sicht auf das Unterrichtsthema haben (aufgrund anderer religiöser oder nicht-religiöser bzw. konfessionsloser Haltungen)?
- Welche Wahrheitsansprüche werden in den ausgewählten Quellen, Texten, Bildern, Videos etc. artikuliert oder nonverbal transportiert?
- Ist ein Thema stark durch die mediale Präsenz beeinflusst, die Vorurteile, Vorentscheidungen oder Haltungen unbewusst oder bewusst prägt?
- Welche positiven oder negativen Grundhaltungen werden vonseiten der Schülerinnen und Schüler einem bestimmten Thema entgegengebracht?

3.6 Welche Methode oder Sozialform ist geeignet? Elementare Lernformen

Die große Attraktivität beim Unterrichten von Religion erwächst mit Sicherheit auch aus der Fülle an Möglichkeiten, die in der begründeten Auswahl von geeigneten Lernformen liegt. Ein für den Einstieg empfehlenswerter Band liegt von Niehl und Thömmes vor, der einen ersten Zugriff bietet.[48] In dieser Dimension geht es vor allem darum, zu zeigen, wie die bisher vorgenommenen didak-

---

47 Vgl. exemplarisch: Friedrich Schweitzer u. a., Jugend – Glaube – Religion. Eine Repräsentativstudie im Religions- und Ethikunterricht, Münster 2018.
48 Siehe Franz W. Niehl/Arthur Thömmes, 212 Methoden für den Religionsunterricht, München ²2014.

tischen Überlegungen und Entscheidungen in der Unterrichtsstunde methodisch am besten umgesetzt werden können. Hier ist der Ort, an dem eine (oder mehrere) zentrale Unterrichtsmethode(n) und Sozialform(en) als leitend für das Stundenlernziel ausgewählt wird (werden).

III. Konkretion: Beispiele für den Unterricht

1. »Gott hat die Welt geschaffen« – Aber das kann man doch gar nicht glauben! (Klasse 5/6)

1.1 Ausgangspunkte – Orientierungen

Der Schöpfungsglaube spielt in der gesamten Bibel, aber auch in den christlichen Glaubensbekenntnissen eine hervorgehobene Rolle. Vom ersten Kapitel der Bibel an durchzieht dieser Glaube sowohl das Alte wie auch das Neue Testament, und im Apostolischen Glaubensbekenntnis erhält der »Schöpfer des Himmels und der Erde« zentrale Bedeutung: Gott ist von vornherein der Schöpfergott, und der Glaube an Gott ist deshalb stets auch Schöpfungsglaube.

Zugleich scheint gerade der Schöpfungsglaube im Jugendalter immer mehr in Zweifel gezogen zu werden. Exemplarisch kann hier auf Befragungen in Deutschland, aber auch in anderen europäischen Ländern verwiesen werden, in denen deutlich weniger als die Hälfte der 13-jährigen Konfirmandinnen und Konfirmanden der Aussage zustimmten: »Gott hat die Welt geschaffen.«[49] In einzelnen Ländern, etwa in Schweden, waren es sogar nur noch gut 20 %. Im höheren Jugendalter nimmt die Zustimmung zum Schöpfungsglauben fast durchweg weiter ab.[50] Ganz offenbar steht der Religionsunterricht hier vor einer grundlegenden – also elementaren – Herausforderung: Eine zentrale Glaubensüberzeugung ist ins Wanken geraten.

Viele Menschen nehmen dabei vor allem das Verhältnis zwischen Schöpfungsglaube und Evolutionstheorie als spannungsvoll oder widersprüchlich wahr. Die naturwissenschaftlichen Welterklärungsmodelle scheinen den Schöpfungsglauben widerlegt zu haben. Die Wahrheit dieses Glaubens wird als zutiefst fragwürdig angesehen – ein Eindruck, der durch Bestseller wie »Der Gotteswahn« von Richard Dawkins weltweit sicher noch einmal verstärkt wurde.[51]

Legen solche Befunde und Beobachtungen die Erwartung nahe, dass der Schöpfungsglaube, gerade auch in seinem schwierigen Verhältnis zu naturwissenschaftlichen Theorien der Weltentstehung oder der Abstammung des Menschen, in den Bildungsplänen heute eine zunehmend prominente Rolle spielen müsste, so

---

49 Vgl. Friedrich Schweitzer/Kati Niemelä/Thomas Schlag/Henrik Simojoki (Hg.), Youth, Religion and Confirmation Work in Europe. The Second Study, Gütersloh 2015, 367; vgl. auch Friedrich Schweitzer/Christoph H. Maaß/Katja Lißmann/Georg Hardecker/Wolfgang Ilg, Konfirmandenarbeit im Wandel – Neue Herausforderungen und Chancen. Perspektiven aus der zweiten bundesweiten Studie, Gütersloh 2015, 296.
50 Vgl. Friedrich Schweitzer/Georg Hardecker/Christoph H. Maaß/Wolfgang Ilg/Katja Lißmann, Jugendliche nach der Konfirmation. Glaube, Kirche und eigenes Engagement – eine Längsschnittstudie, Gütersloh 2016, 364.
51 Vgl. Richard Dawkins, Der Gotteswahn, Berlin 2008.

gewinnt man durch eine Prüfung der Bildungspläne einen deutlich anderen Eindruck.[52] Vielfach kommt der Schöpfungsglaube in den Bildungsplänen eher selten vor, häufig erst im späteren Jugendalter und vor allem in der Sekundarstufe II. In vielen Fällen werden bei diesem Thema auch keine Wahrheitsfragen thematisiert, sondern wird die ethische Bedeutung des Schöpfungsglaubens hervorgehoben und vor allem nach ökologischen Konsequenzen gefragt. Allerdings gibt es auch eine Reihe von Ausnahmen, bei denen die Bildungspläne das Schöpfungsthema bewusst in Klasse 5/6 vorsehen und dabei zumindest teilweise auch das Verhältnis zwischen Schöpfungsglaube und Naturwissenschaft einbezogen sehen wollen. Darauf bezieht sich das vorliegende Kapitel, das nach Möglichkeiten einer elementarisierenden Erschließung für diese Klassenstufe fragt, und zwar unter besonderer Berücksichtigung der Wahrheitsfrage. Zu denken ist dabei beispielsweise an den entsprechenden Bildungsstandard im Bildungsplan Baden-Württemberg Gymnasium im Bereich »Gott«: »den Glauben an Gott als Schöpfer mit einer gängigen naturwissenschaftlichen Erklärung der Weltentstehung vergleichen«. Damit ist auch eine bestimmte Erwartung im Blick auf den Kompetenzerwerb ausgedrückt, die bei der Elementarisierung beachtet werden muss.

Hinsichtlich der Sichtweisen der Schülerinnen und Schüler kann sowohl auf entwicklungspsychologische Befunde zurückgegriffen werden als auch auf erste Erkenntnisse einer direkt auf den Unterricht zum Schöpfungsglauben bezogenen Forschung.[53] Die entwicklungspsychologischen Befunde machen dabei klar, dass sich Wahrheitsfragen im Unterricht nicht einfach in allgemeiner Form stellen, sondern in Abhängigkeit von den jeweiligen Zugangsweisen der Schülerinnen und Schüler, die einer psychologisch beschreibbaren Entwicklung unterliegen. Das gilt ebenso für das Verständnis von Schöpfung wie das von Evolution.[54] Auch

---

52 Vgl. Peter Kliemann/Friedrich Schweitzer, Schöpfung aus curricularer Sicht: Was lernen Schülerinnen und Schüler im Religionsunterricht laut Bildungsplan und was sollten sie lernen? In: Schöpfung. Jahrbuch der Religionspädagogik 34 (2018), 136–147.
53 Vgl. als grundlegende Darstellung: Reto Luzius Fetz/Karl Helmut Reich/Peter Valentin, Weltbildentwicklung und Schöpfungsverständnis. Eine strukturgenetische Untersuchung bei Kindern und Jugendlichen, Stuttgart u. a. 2001; weiterführend: Christian Höger, Kein Pauschalabschied vom Schöpfergott: Welterklärungen von Abiturientinnen und Abiturienten. Eine qualitativ-empirische Studie. In: Hans-Georg Ziebertz (Hg.), Praktische Theologie – empirisch. Methoden, Ergebnisse und Nutzen, Berlin 2011, 99–126; Christian Gößinger, Die Rezeption der Schöpfungserzählung nach Gen 1–2,4a bei Grundschülern. Eine fächerübergreifende Interventionsstudie, Frankfurt/M. 2014; Meike Rodegro, Schöpfung oder Urknall? Eine empirische Untersuchung im Religionsunterricht der Sekundarstufe II, Kassel 2010.
54 Dazu liegen interessante Befunde aus der Biologiedidaktik vor: Marcus Hamman/Roman Asshoff, Schülervorstellungen im Biologieunterricht. Ursachen von Lernschwierigkeiten, Seelze 2014; Ulrich Kattmann (Hg.), Biologie unterrichten mit Alltagsvorstellungen. Didaktische Rekonstruktion in Unterrichtseinheiten, Seelze 2017.

wenn in diesem Kapitel die Dimension der elementaren Wahrheiten im Zentrum stehen soll, muss daher bei den elementaren Zugängen begonnen werden.

1.2 Wie sich das Problem des Schöpfungsglaubens aus Schülersicht darstellt: Elementare Zugänge

Die Entwicklung des Schöpfungsverständnisses oder auch des Schöpfungsglaubens ist in einer noch immer grundlegenden Untersuchung von Fetz, Reich und Valentin zu »Weltbildentwicklung und Gottesvorstellung« mit aufschlussreichen Befunden untersucht worden.[55] Im Zentrum der Untersuchung steht der sogenannte Artifizialismus, bei dem Kinder oder Jugendliche sich die Schöpfung als einen gleichsam handwerklich-produzierenden Vorgang vorstellen, wobei Gott selbst die Rolle des Handwerkers übernimmt. Die Welt ist hier das Produkt eines wörtlich zu verstehenden Herstellungsprozesses.

Diese nicht nur bei ausdrücklich religiös sozialisierten Kindern zu findende Auffassung bildet sich, den Befunden zufolge, in der mittleren Kindheit aus und wird vor allem im Grundschulalter zu einer dominanten Vorstellung. In der in diesem Kapitel im Zentrum stehenden Zeit, im Alter zwischen zehn und zwölf Jahren, wird diese Vorstellung jedoch immer stärker kritisch hinterfragt, wie es auch die oben angesprochenen Umfrageergebnisse belegen. Unter dem Einfluss vor allem naturwissenschaftlicher Erklärungen der Weltentstehung verliert die Vorstellung vom Schöpfergott als Handwerker zunehmend an Plausibilität, zumal das kindliche Weltbild mit einem Himmel als Gottes Wohnung in dieser Altersphase durch die Vorstellung eines naturwissenschaftlich vorgestellten Kosmos abgelöst wird. Der Wandel des Weltbildes bedingt eine grundlegende Veränderung des Gottesbildes und deshalb auch des Schöpfungsglaubens.

Der kognitive Konflikt, der die Zugänge der Schülerinnen und Schüler in Klasse 5/6 bei ihrer kritischen Auseinandersetzung mit dem Schöpfungsglauben bestimmt, richtet sich dann auf die in der Kindheit ausgebildete oder übernommene Vorstellung von Schöpfung als Fabrikationsprozess. Vielfach wird dieser Konflikt als Ablösung von einem kindlichen oder kindischen Gauben und als dessen zwingende Überwindung wahrgenommen: So etwas können die Schülerinnen und Schüler nicht mehr glauben – und vor allem wollen sie es nicht mehr glauben, weil sie schließlich »keine kleinen Kinder mehr« sind.[56]

---

55 Vgl. Fetz u. a., Weltbildentwicklung.
56 Vgl. zum Hintergrund Friedrich Schweitzer, Schöpfungsglaube – nur für Kinder? Zum Streit zwischen Schöpfungsglaube, Evolutionstheorie und Kreationismus, Neukirchen-Vluyn 2012.

In ihrer Untersuchung kommen Fetz u. a. darüber hinaus zu dem Ergebnis, dass eine Weiterentwicklung des Schöpfungsglaubens, bei der dieser Glaube nicht einfach auf der Strecke bleibt und mit der Kindheit zurückgelassen wird, davon abhängig ist, dass Jugendliche (oder später die Erwachsenen) zu einem komplementären Verständnis gelangen, das sowohl den Sinn eines religiösen Schöpfungsglaubens als auch den davon zu unterscheidenden Sinn naturwissenschaftlicher Erklärungen der Weltentstehung anerkennt. Erreichbar sei ein solches Denken in Komplementarität allerdings nur dann, wenn die Fähigkeit – oder, in anderer Terminologie ausgedrückt: die Kompetenz – erworben wird, nicht nur über die Welt, sondern auch über das Denken und die Mittel des Denkens zu reflektieren. Das wird dann als »Mittelreflexion« bezeichnet. Gemeint ist, dass das Denken selbstreflexiv wird, indem beispielsweise über unterschiedliche Sprach- und Ausdrucksformen oder Weltzugänge und deren Bedeutung nachgedacht werden kann. Auf diese Weise kann einsichtig werden, dass naturwissenschaftliche Darstellungen etwa poetische Ausdrucksformen keineswegs überflüssig machen. Unterschiedliche Weltzugänge schließen einander nicht aus, sondern ergänzen sich wechselseitig. Was beispielsweise die Liebe zwischen Menschen bedeutet, lässt sich zwar auch biologisch erklären, aber eben nicht in erschöpfender Weise.

In dieser Hinsicht zeigen die zitierten Umfragen, dass ein solches Denken in Komplementarität auch im späteren Jugendalter bislang eher selten erreicht wird. Darin liegt eine grundlegende Herausforderung für Religionsunterricht und Religionspädagogik: Wie kann die Ausbildung eines Denkens in Komplementarität wirksam unterstützt werden? Wie lässt es sich bereits im Übergang zwischen Kindheit und Jugendalter anbahnen?

In neuerer Zeit ist aber nicht nur die Entwicklung des Schöpfungsglaubens untersucht worden, sondern auch das bei Kindern und Jugendlichen anzutreffende Verständnis von Evolution.[57] Dazu liegen bisher zwar keine umfassenden Entwicklungsmodelle vor, aber doch aufschlussreiche Einzelergebnisse. Die entsprechenden Untersuchungen zeigen vor allem, dass Kinder und Jugendliche die Evolution keineswegs so verstehen, wie sie naturwissenschaftlich verstanden werden muss, als eine wissenschaftliche Theorie, die den Evolutionsprozessen in seiner Bestimmtheit durch Variation und Selektion sowie die dabei bedeutsamen genetischen Hintergründe erklärt. Vielmehr gehen Kinder und Jugendliche vielfach von einem teleologischen (zielgerichteten) Evolutionsverständnis aus, wodurch die Evolution zu einer Größe wird, die aktiv bestimmte Ziele verfolgt. Darüber hinaus neigen viele Schülerinnen und

---

57 Vgl. die in Anm. 54 genannte Literatur.

Schüler zu einer Vorstellung, der zufolge die Ausbildung bestimmter Merkmale oder Fähigkeiten aus ihrem erfolgreichen Gebrauch resultiert – eine Auffassung, die in der Biologie ausdrücklich als widerlegt angesehen wird. Insofern treffen etwa in Klasse 5/6 keineswegs einfach Schöpfungsglaube und Naturwissenschaft konflikthaft aufeinander, sondern es handelt sich um bestimmte entwicklungsbedingte – theologisch ebenso wie naturwissenschaftlich problematische – Sichtweisen von Schöpfung und Evolution. Insofern ist ein Unterricht, der sich auf das Verhältnis zwischen Schöpfungsglaube und Evolution bezieht, sowohl im Interesse der religiösen wie der naturwissenschaftlichen Bildung.

Was aber kann der Religionsunterricht in Klasse 5/6 in dieser Hinsicht überhaupt leisten? Dass im Blick auf die Zugangs- und Deutungsweisen der Schülerinnen und Schüler vom Religionsunterricht, sofern er entsprechend gestaltet ist, tatsächlich ein wirksamer Einfluss ausgehen kann, hat eine exemplarische Interventionsstudie von Christian Gößinger gezeigt.[58] Dabei wurden Schüler in Klasse 4 zum einen im Deutschunterricht für verschiedene Textgattungen sensibilisiert, etwa für die Eigenart von Legenden im Unterschied zu Tatsachenberichten. Zum anderen wurde im Religionsunterricht bei der Behandlung des Themas Schöpfung vermehrt auf naturwissenschaftliche Deutungen Bezug genommen. Ein Vergleich mit Schülerinnen und Schülern, die nicht an diesem Unterrichtsversuch teilgenommen hatten, machte sichtbar, dass die Versuchsgruppe sich deutlich stärker in der gewünschten Richtung verändert hatte: Diese Schülerinnen und Schüler zeigten eine weit differenziertere Umgangsweise mit Fragen zwischen Schöpfungsglaube und Evolution und waren auch in der Lage, auf die Gattung der biblischen Schöpfungserzählung, zumindest in einer anfangshaften Form, zu reflektieren.

1.3 Aber was sagen die anderen? Elementare Erfahrungen

Die Dimension der elementaren Erfahrungen spielt im vorliegenden Zusammenhang in mehrfacher Hinsicht eine wichtige Rolle. Zunächst kann gefragt werden, was der Schöpfungsglaube für die Schülerinnen und Schüler im Sinne einer veränderten Wahrnehmung der eigenen Person und die damit verbundenen Erfahrungen bedeuten kann: Welchen Unterschied macht es, ob ich mich als Produkt der Evolution oder als Gottes geliebtes Geschöpf wahrnehme? Im Zuge der adoleszenten Identitätsbildung wird dieser Aspekt besonders wichtig. Sodann kann die Erfahrungsdimension in den biblischen Texten selbst aufgespürt werden, etwa für die Schöpfungstheologie des zweiten Jesaja (Deutero-

---

58 Gößinger, Rezeption.

Jesaja), der vermutlich in der Zeit des babylonischen Exils seine bis heute das Schöpfungsverständnis wohl am stärksten prägenden Texte verfasst hat (»Hebt eure Augen in die Höhe und seht! Wer hat das geschaffen?« »Der Herr, der ewige Gott, der die Enden der Erde geschaffen hat, wird nicht müde noch matt«, Jes 40,26.28) – neben den Eröffnungskapiteln der Bibel.[59] Hier ging es zugleich um die Erfahrung der Unterdrückung des Volkes Israel, das im Exil nicht nur von den Babyloniern beherrscht wurde, sondern eben auch – vermittelt durch die siegreichen Babylonier – von deren anscheinend mächtigem Gott Marduk. Schöpfungsglaube war deshalb eng mit der Hoffnung auf Befreiung verbunden. Nur der Schöpfer des Himmels und der Erde konnte Freiheit verbürgen.

Da im vorliegenden Kapitel jedoch die Erfahrungsdimension nicht im Zentrum stehen soll, kann dies hier nicht weiter entfaltet werden. Zumindest verwiesen werden muss aber auf einen weiteren Punkt, der im vorliegenden Zusammenhang besonders bedeutsam ist. Im Jugendalter, so eine allgemeine Feststellung der Jugendforschung, nimmt die Bedeutung der Gruppe der Gleichaltrigen für die persönliche Orientierung stark zu. Das gilt auch bereits für jüngere Jugendliche in Klasse 5/6. Führt man sich vor Augen, dass der Schöpfungsglaube den oben berichteten Umfrageergebnissen zufolge selbst bei evangelischen Jugendlichen, die sich zur Konfirmation anmelden, nicht mehr mehrheitsfähig ist, wird bewusst, dass die Spannung zwischen Schöpfungsglaube und Evolutionstheorie auch ein soziales Problem impliziert. Wie soll man an Gott als den Schöpfer glauben, wenn doch »alle anderen« längst nicht mehr an ihn glauben? Jugendliche wollen sich nicht blamieren – vor allem nicht vor ihren Klassenkameraden. Die zweifelnden Fragen im Blick auf den Schöpfungsglauben sind so gesehen nicht nur argumentativ begründet, sondern auch sozial verankert. Auch das ist didaktisch zu berücksichtigen.

Die Orientierung an der Gruppe der Gleichaltrigen kann durch Unterricht allerdings nicht einfach aufgehoben werden. Es könnte aber sinnvoll sein, den Schülerinnen und Schülern anhand von Beispielen vor Augen zu führen, dass keineswegs alle vernünftigen Menschen den Schöpfungsglauben als »kindisch« ablehnen und dass es beispielsweise auch berühmte Naturwissenschaftlerinnen und -wissenschaftler gibt, die ausdrücklich am Schöpfungsglauben festhalten. Insofern liegt es nahe, Argumente, die auf ein komplementäres Denken zielen, gerade in Klasse 5/6 in einer personalisierten Weise zu vermitteln, sodass die Schülerinnen und Schüler Aussagen von Personen begegnen, die ihnen glaubwürdig erscheinen.

---

59 Zum biblischen Schöpfungsverständnis vgl. Bernd Janowski, Die Welt als Schöpfung, Neukirchen-Vluyn 2008; Konrad Schmid (Hg.), Schöpfung, Tübingen 2012.

1.4 Schöpfungsglaube und Evolution in theologischer und naturwissenschaftlicher Sicht: Elementare Strukturen

Das Verhältnis zwischen Schöpfungsglaube und Naturwissenschaft sowie speziell der Evolutionstheorie ist seit vielen Jahren Gegenstand ausgedehnter theologischer Diskussionen.[60] Auch kann auf zahlreiche Dialogveranstaltungen zwischen Theologie und Naturwissenschaft verwiesen werden.[61] Nicht zuletzt haben die dabei entwickelten Zuordnungsmodelle auch eine starke Rezeption in der Religionspädagogik gefunden.[62] Dies kann hier im Einzelnen zwar nicht aufgenommen werden, zumindest die Grundlinien, die für den Unterricht in Klasse 5/6 bedeutsam sind, sollen aber hinsichtlich der elementaren Strukturen herausgearbeitet werden.

An erster Stelle ist in diesem Sinne festzuhalten, dass ein kreationistischer Schöpfungsglaube nicht nur aus naturwissenschaftlicher, sondern auch aus theologischer Sicht abzulehnen ist.[63] Der Kreationismus versteht die biblischen Schöpfungsdarstellungen und -geschichten als gleichsam wissenschaftliche Texte, die deshalb mit den naturwissenschaftlichen Erkenntnissen unserer Zeit konkurrieren und konfligieren. Das betrifft beispielsweise schon die Zeitangabe der sieben Tage in Gen 1, die dann, wenn sie wortwörtlich (miss-)verstanden wird, in klarem Gegensatz zu den sehr langfristigen Prozessen steht, von denen die Evolutionstheorien ausgehen und die sich nur in Millionen von Jahren bemessen lassen. Aus heutiger theologischer Sicht widerspricht ein solcher kreationistischer Standpunkt aber auch diametral den biblischen Texten, die weit mehr am Lob der Schöpfung oder am Sinn der Schöpfung orientiert sind als an chronologischen Fragen der Zeitmessung. Was Jugendliche häufig ablehnen, ist so gesehen eigentlich gar nicht der Schöpfungsglaube, wie er theologisch auszulegen ist, sondern eine kreationistische (Fehl-)Deutung dieses Glaubens.

Ebenfalls theologisch und naturwissenschaftlich problematisch ist auch die Auffassung, dass die naturwissenschaftlichen Erklärungen der Weltentstehung

---

60 Vgl. als Überblick etwa: Bernd Janowski/Friedrich Schweitzer/Christoph Schwöbel (Hg.), Schöpfungsglaube vor der Herausforderung des Kreationismus, Neukirchen-Vluyn 2010; Schmid, Schöpfung.
61 Vgl. dazu: John Polkinghorne, Theologie und Naturwissenschaften. Eine Einführung, Gütersloh 2001.
62 Vgl. etwa: Martin Rothgangel, Naturwissenschaft und Theologie. Wissenschaftstheoretische Gesichtspunkte im Horizont religionspädagogischer Überlegungen, Göttingen 1999; Schöpfung. Jahrbuch der Religionspädagogik 2018.
63 Vgl. neben der bereits genannten Literatur dazu speziell: Weltentstehung, Evolutionstheorie und Schöpfungslaube in der Schule. Eine Orientierungshilfe des Rates der Evangelischen Kirche in Deutschland, Hannover 2008 (= EKD-Texte 94).

und der Abstammung des Menschen den biblischen Schöpfungsglauben widerlegt hätten. Solche Auffassungen werden zwar von Autoren wie Richard Dawkins, die sich selbst als Naturwissenschaftler bezeichnen, öffentlichkeitswirksam vertreten, aber bei genauerer Betrachtung verfehlen sie von Anfang an nicht nur den Schöpfungsglauben, sondern auch die Eigenart des naturwissenschaftlichen Weltzugangs. Naturwissenschaftliche Weltzugänge beruhen im weitesten Sinne stets auf Beobachtungen oder Messungen, die dann zu Theorien verdichtet werden. Alles, worauf sie sich stützen, muss in möglichst objektiver Weise beobachtbar sein. Die Frage, ob es Gott gibt und ob Gott die Welt erschaffen hat, entzieht sich deshalb von vornherein einer naturwissenschaftlichen Zugangsweise: Gott kann nicht einfach wissenschaftlich beobachtet oder erfasst werden. Die Naturwissenschaft kann den Schöpfungsglauben daher weder bestätigen noch widerlegen. Auch in dieser Hinsicht kann deshalb gesagt werden, dass der von Jugendlichen erfahrene Widerspruch sich nicht wirklich auf die Naturwissenschaft bezieht, sondern auf populärwissenschaftliche, aber umso mehr verbreitete Auffassungen, die sich selbst als naturwissenschaftlich ausgeben.

Theologisch und naturwissenschaftlich angemessen ist allein eine Sichtweise, die Raum für unterschiedliche Weltzugänge bietet und deshalb auch für ein Neben- und Miteinander von Schöpfungsglaube und Evolutionstheorie. Eben darauf zielt auch das in diesem Kapitel schon mehrfach berührte »Denken in Komplementarität«, das deshalb auch als übergreifendes Ziel des Religionsunterrichts anzusehen ist. Dabei bleibt zu bedenken, dass dieses Ziel weder in einer einzelnen Unterrichtsstunde noch in einer Unterrichtseinheit oder in einem Schuljahr erreicht werden kann. Hier bedarf es längerfristiger Lernprozesse, die im gesamten Gang des Religionsunterrichts von der Grundschule bis zur Sekundarstufe II kontinuierlich unterstützt werden sollten.

1.5 Aber was stimmt denn dann? Elementare Wahrheiten

Die verschiedenen Elementarisierungsschritte – angefangen bei den elementaren Zugängen über die Erfahrungen und Strukturen – zeigen, dass das Thema Schöpfungsglaube und Evolution tatsächlich, auch für die Schülerinnen und Schüler, eine ausgesprochene Wahrheitsfrage berührt. Deutlich geworden ist aber auch, dass bei diesem Thema die Klassenstufe – hier also Klasse 5/6 – für die Planung und Gestaltung des Unterrichts eine wesentliche Rolle spielen muss. Anders als in höheren Klassen und besonders in der Sekundarstufe II würde es den Schülerinnen und Schülern in Klasse 5/6 wenig bringen, wollte man sie mit abstrakten Reflexionen etwa wissenschaftstheoretischer Art konfrontieren, durch die sie sich letztlich nur überfordert fühlen könnten. Vor allem bliebe dabei unbeachtet, dass die Jugendlichen sowohl beim Schöpfungsglauben als auch beim Verständnis von Evolution von altersspezifischen Auslegungen ausgehen, die sich erheblich von den jeweiligen theologischen und naturwissenschaftlichen Auffassungen unterscheiden. Die Frage, was denn nun wahr sei, stellt sich ihnen gerade von den von ihnen vertretenen Sichtweisen her.

Diese Lernvoraussetzung ist auch bei einem Bildungsstandard wie dem im Bildungsplan Gymnasium Baden-Württemberg zu bedenken, der oben als Beispiel wiedergegeben wurde. Wenn dort die Kompetenz erwartet wird, den Schöpfungsglauben mit einer naturwissenschaftlichen Erklärungsmöglichkeit ins Verhältnis setzen zu können, so stellt dies vor grundlegende Schwierigkeiten. Denn weder kann einfach das Verständnis des Schöpfungsglaubens vorausgesetzt werden noch die Vertrautheit mit naturwissenschaftlichen Denkmodellen. Und wenn dabei auch noch zwischen verschiedenen naturwissenschaftlichen Theorien oder Ansätzen unterschieden werden soll, geht der Unterricht leicht an den Möglichkeiten der Schülerinnen und Schüler vorbei.[64]

Festzuhalten ist jedoch auch, dass die Auseinandersetzung mit Wahrheitsfragen in Schule und Unterricht, also nicht nur im Religionsunterricht, bislang weithin vernachlässigt wird, während sie von den Schülerinnen und Schülern sowie im Blick auf die zu unterstützende umfassende Bildung einen viel höheren Stellenwert einnehmen sollte. Das gilt auch für das Verhältnis zwischen Schöpfungsglaube und Evolutionstheorie, schon weil es für jüngere Jugendliche und damit auch in Klasse 5/6 die Schülerinnen und Schüler vielfach stark bewegt. Insofern ist es durchaus angemessen, dass der Bildungsstandard auf die entsprechenden kognitiven Konflikte schon im Übergang zwischen Kindheit und Jugendalter abzielt. Nicht alle Fragen, die vielleicht schon früh aufbrechen, können warten, bis die Jugendlichen in der Sekundarstufe II über günstigere Lern- und Verstehensvoraussetzungen verfügen.

Ein erster grundlegender Schritt wird für den Unterricht in Klasse 5/6 darin bestehen müssen, den zweifelnden und kritischen Fragen der Schülerinnen und Schüler ausdrücklich Raum zu geben. Insofern empfiehlt es sich nicht, den Unterricht ausschließlich auf die Schöpfungsethik zu konzentrieren, auch wenn sich Kinder und Jugendliche durchaus an ethischen Fragen der Ökologie sehr interessiert zeigen können. Die Frage nach der Wahrheit des Schöpfungsglaubens lässt sich aber allein aus der Ethik heraus nicht beantworten. Vielmehr ist eine Schöpfungsethik gleichsam grundlos, wo der Schöpfungsglaube als solcher nicht (mehr) überzeugt. Ähnlich bleibt deshalb auch eine allein ästhetische Zugangsweise zur Schönheit von Gottes Schöpfung, wie sie in manchen

---

64 Vgl. Kliemann/Schweitzer.

Bildungsplänen akzentuiert wird, am Ende unzureichend, so sehr sie auch aus anderen Gründen zu empfehlen ist. Auch die Wahrnehmung der Schönheit der Schöpfung hat keine plausible Grundlage, wo der Schöpfungsglaube selbst nicht (mehr) überzeugen kann. Dann bleibt es einfach bei der Schönheit einer Welt, die sich der Evolution verdankt.

Den entwicklungspsychologischen Befunden und den Ergebnissen aus der freilich noch als pilothaft zu bezeichnenden Unterrichtsforschung zufolge ist es auch in Klasse 5/6 durchaus möglich, ein Denken in Komplementarität anzubahnen, zumindest in einer ersten anfangshaften Gestalt. Dies wird sich jedoch aus den genannten Gründen nicht mithilfe einer Metareflexion im Sinne wissenschafts- oder erkenntnistheoretischer Zuordnungsmöglichkeiten erreichen lassen. Vielmehr ist hier an konkrete Einzelphänomene zu denken, mit deren Entstehung und Erklärung sich Schülerinnen und Schüler auseinandersetzen können.

Beispielsweise kann auf Haustiere Bezug genommen werden, zu denen Jugendliche oft ein besonders inniges Verhältnis haben und denen sie mit großer Zuneigung begegnen. Wie können und sollen diese Tiere wahrgenommen werden? Was bedeutet ihr biologischer Ursprung und was die Beziehung der Menschen zu ihnen? Ein anderes Beispiel wäre eine Blume, die dem Menschen wegen ihrer Schönheit auffällt sowie Staunen oder sogar Ehrfurcht hervorrufen kann und die doch nichts anderes ist als das Produkt eines biologisch erklärbaren Wachstums- und Entwicklungsprozesses. Ziel des Arbeitens mit solchen Beispielen muss es sein, für unterschiedliche Sichtweisen auf dasselbe Phänomen zu sensibilisieren und dabei deutlich werden zu lassen, dass sich die verschiedenen Sichtweisen zwar zum Teil diametral voneinander unterscheiden, aber einander gleichwohl nicht einfach ausschließen.

Eine dritte Möglichkeit geht nicht vom Religions-, sondern vom Biologieunterricht aus. Zu den aus diesem Unterricht bekannten Fehlvorstellungen gehört etwa die Erklärung dafür, warum die Giraffe einen langen Hals hat.[65] Die dabei nicht nur von Kindern und Jugendlichen zu erwartende Standardantwort »Damit sie Blätter auch auf hohen Bäumen oder Pflanzen erreichen kann!« ist evolutionstheoretisch schon im Ansatz falsch. Die Antwort unterstellt eine Zielgerichtetheit der Evolution (»damit«) und somit im Extrem, dass Giraffen geradezu mit Absicht einen langen Hals ausgebildet hätten. Demgegenüber arbeitet die Evolutionstheorie durchweg mit Kausalerklärungen. Demnach stand hinter der Entstehung des langen Halses keineswegs eine Absicht – weder der Evolution noch einer Giraffe –, sondern die für die Evolution vorauszusetzende Variation in einer Population, also den Giraffen als Gattung, die dann zu einer bes-

---

65 Vgl. dazu Kattmann, Biologie, 173–185.

seren Überlebensfähigkeit der langhalsigen Giraffen führte. Keine Giraffe hatte je die Möglichkeit, der Absicht zu folgen, ihren Hals länger wachsen zu lassen. Zudem wäre es auch nicht möglich, ein solches intentional erreichtes Ergebnis an die Giraffenkinder und -kindeskinder weiterzugeben. Die von einem einzelnen Exemplar erreichten Fähigkeiten werden nicht genetisch vererbt und können daher auch nicht evolutionär wirksam werden. Die evolutionstheoretische Erklärung kann, wenn sie richtig ausgelegt wird, gerade keine Antwort auf die Frage nach der Entstehung langhalsiger Giraffen geben, die das Auftreten langhalsiger Giraffen mit einer Intention verbindet. Sie erklärt lediglich die höhere Überlebenschance solcher Exemplare der Gattung. Wo dies erkannt wird, entsteht neuer Raum für das Nachdenken über Sinnfragen, auch für jüngere Jugendliche. Denn solche Fragen werden evolutionstheoretisch zugunsten von Fragen der Funktion oder der Funktionalität ausgeschlossen und bleiben damit offen, was noch einmal die Grenzen naturwissenschaftlicher Aussagen bewusst macht.

1.6 Für unterschiedliche Sichtweisen sensibilisieren: Elementare Lernformen

Zu den elementaren Lernformen können hier nur noch wenige Hinweise gegeben werden. Sie schließen unmittelbar an die bisherigen Elementarisierungsschritte an, wenn auch die gewählten Lernformen für unterschiedliche Sichtweisen sensibilisieren sollen.

Solche unterschiedlichen Sichtweisen beziehen sich zum einen auf verschiedene Formen oder Gattungen der Beschreibung und des sprachlichen Ausdrucks. Sie können, wie es heute beim Schöpfungsthema auch vielfach geschieht, etwa durch die Aufnahme von Schöpfungsmythen in einer ersten Form zumindest erspürt werden. Vielfach bewährt hat sich im Unterricht dafür etwa das Gilgamesch-Epos.

Zum anderen legen sich aktiv-entdeckende Lernformen nahe, wenn es um die von den Schülerinnen und Schülern konkret zu leistende evolutionstheoretische Erklärung oder schöpfungstheologische Deutung von Einzelphänomenen gehen soll. Dafür könnte etwa auf die oben beschriebene Giraffenhals-Frage zurückgegriffen werden – in gemeinsamen Versuchen, den langen Hals zu erklären.

Speziell bei dieser Aufgabe ist es gerade beim Thema Schöpfung und Evolution empfehlenswert, eine fächerübergreifende Zusammenarbeit mit dem Biologieunterricht anzustreben. Auf diese Weise wird das Problem vermieden, dass sich der Religions- und der Biologieunterricht auf jeweils fachfremdes Gelände begeben müssen, wenn das Thema nur im einen oder im anderen Fach behandelt wird.

1.7 Wurden die Ziele erreicht? Evaluation

Anhand folgender Aufgabe lässt sich erkennen, ob der gewünschte Kompetenzzuwachs tatsächlich erreicht wurde. Die Aufgabe kann sowohl im Unterrichtsgespräch (auch mit vorbereitender Einzel- oder Partnerarbeit) bearbeitet werden wie auch in Einzelarbeit (bzw. als Hausaufgabe).

> Mareike und Peter unterhalten sich.
> Mareike meint: »Das mit den Giraffen hat Gott richtig gut gemacht! Mit ihren langen Hälsen können sie sich auch Laub von den hohen Bäumen in Afrika holen – das habe ich neulich im Zoo selbst gesehen. Und außerdem finde ich Giraffen so schön!«
> Peter ist aber anderer Meinung: »Das hat doch mit Gott gar nichts zu tun. Das ist einfach die Natur, die das so gemacht hat.«
>
> Wer hat Recht? Begründe deine Stellungnahme.

2. »Abraham« – Geschichten von Aufbruch und Vertrauen auf Gott (Grundschule)

2.1 Ausgangspunkte – Orientierungen

Die Abraham-Erzählungen gehören seit langer Zeit zum Grundbestand des Religionsunterrichts in der Grundschule. Aufgrund ihres Umfangs (Gen 12–25) sowie der Art dieser Geschichten wurden und werden sie als für Kinder besonders attraktiv eingeschätzt. Sie sprechen Erfahrungen an, die den Kindern nahekommen – Erfahrungen von Aufbruch und Abschiednehmen, von Bedrohungen und Ängsten, von Vertrauen auf Gott, der die Menschen schützt und begleitet. So ist es nicht erstaunlich, dass die Abraham-Erzählungen auch in allen aktuellen Bildungsplänen für die Grundschule zu finden sind. Für die heutige Zeit spielen dabei allerdings mehrere Neuakzentuierungen eine Rolle, von denen hier drei genannt werden sollen:
- In der Regel ist nicht mehr einfach von Abraham die Rede, sondern von Abraham und Sara. Darin schlägt sich ein verändertes Bewusstsein im Blick auf die Frauen in der Bibel nieder.
- Nicht in allen Fällen, aber doch häufig nennen die Bildungspläne Bezüge nicht nur zu Bibel und Christentum, sondern auch zu Judentum und Islam.

Darin kommt die plurale religiöse Situation der Gegenwart zum Ausdruck, die eine stärker interreligiöse Ausrichtung verlangt.
- Nachdrücklicher wird jetzt auch gefragt, welche Geschichten aus dem Abraham-Zyklus sich für Kinder wirklich eignen. Dabei richten sich kritisch-didaktische (Auswahl-)Fragen in erster Linie an die Geschichte von »Abrahams Versuchung« (traditionell: »Isaaks Opferung«). Anstoß kann aber auch die Geschichte der Verstoßung Hagars mit ihrem Sohn Ismael, Abrahams erstem Sohn, auf sich ziehen (Gen 21,8 ff.). Können und sollen solche Geschichten schon Kindern erzählt werden?

Trotz der großen Bedeutung der Abraham-Geschichten für den Religionsunterricht in der Grundschule liegen dazu bislang keine Befunde im Sinne der empirischen Unterrichtsforschung vor. Auch für die Art und Weise, wie Kinder diese Geschichten verstehen oder rezipieren, kann nur auf allgemeine Erkenntnisse aus der Entwicklungspsychologie zurückgegriffen werden und nicht auf spezielle Untersuchungen zu Abraham. Insofern verweist die elementarisierende Analyse in dieser Hinsicht vor allem auf Desiderate für die zukünftige religionspädagogische Forschung.

Die Kompetenzformulierungen in den Bildungsplänen zielen insbesondere auf die Fähigkeit, Erfahrungen beschreiben zu können, die Menschen mit Gottes Begleitung und Ermutigung gemacht haben und die in der Bibel berichtet werden. Zum Teil wird auch auf Gottesbilder und Gottesvorstellungen verwiesen, die von den Kindern geklärt werden sollen. Dabei sind ebenso die in den biblischen Geschichten begegnenden Gottesbilder gemeint wie die Gottesbilder der Kinder, die dazu in ein Verhältnis gesetzt werden sollen.

Da der Aspekt der Erfahrungen für die Erschließung der Abraham-Erzählungen in der Grundschule eine hervorgehobene Bedeutung einnimmt, beginnt die elementarisierende Analyse in diesem Falle bei dieser Dimension.

2.2 Auf Gott vertrauen können – auch in herausfordernden Situationen: Elementare Erfahrungen

An den Abraham-Erzählungen wird exemplarisch deutlich, dass sich die Frage nach elementaren Erfahrungen nicht nur auf heutige Erfahrungen von Kindern oder Jugendlichen bezieht, sondern ebenso auf die biblischen Texte. In die Abraham-Erzählungen sind zahlreiche Erfahrungsbezüge eingelagert, die sich zu heutigen Erfahrungen in Beziehung setzen lassen, weil sie in ihnen Resonanz finden. Zugespitzt formuliert: Was Abraham damals erfahren hat, ist heutigen Menschen nicht fremd.

Eine solche Sicht setzt allerdings voraus, dass der Unterricht Abraham nicht bewusst in eine große historische Ferne rückt, was bei einer Figur aus der Vorgeschichte natürlich durchaus denkbar wäre. Die damaligen Lebensumstände spielen in den Erzählungen jedoch keine beherrschende Rolle, sodass sie auch im Unterricht am Rande bleiben können.

Dass Abrahams Erfahrungen auch heute nachempfunden werden können, wird schon gleich zu Beginn der Erzählungen deutlich: »Und der Herr sprach zu Abram: Geh aus deinem Vaterland und von deiner Verwandtschaft und aus deines Vaters Hause in ein Land, das ich dir zeigen will« (Gen 12,1). Im Vordergrund stehen hier das Verlassen und Zurücklassen, von Heimat und Familie und ganz speziell des Elternhauses. Kinder in der Grundschule machen vielleicht ähnliche Erfahrungen: Mit dem Beginn der Schulzeit lassen sie die gewohnte »sichere« Umgebung des Kindergartens zurück und entfernen sich einen Schritt weiter weg von ihren Eltern. Vielfach wird dies als Herausforderung erfahren, auch wenn die Kinder noch nicht bewusst über solche Erfahrungen als solche reflektieren. Sie spüren aber, dass sich etwas verändert, was Neugier und Erwartung auslöst, aber sich auch mit Ängsten vor dem Verlassen-Sein verbinden kann.[66]

Für Abraham verbindet sich der Aufbruch in das Neue und Unbekannte zugleich mit einer großen Verheißung: »Und ich will dich zum großen Volk machen und will dich segnen und dir einen großen Namen machen, und du sollst ein Segen sein« (Gen 12,2). Der Aufbruch und die Herausforderung, alles Vertraute und Bekannte zurücklassen zu müssen, wird also positiv gerahmt und damit selbst zu einem Bild von Hoffnung. Darin können dann auch Kinder eine Ermutigung finden, indem sie nachvollziehen, dass aus dem empfundenen Verlust am Ende ein viel größerer Gewinn erwachsen kann.

Doch geht gerade die Erzählung von Abraham keineswegs im Sinne einer bruchlosen Erfolgsgeschichte weiter. Es kommt vielmehr immer wieder zu Bedrohungen und schwierigen Situationen, die Abraham und Sara meistern müssen. Eine Hungersnot zwingt sie zur Migration nach Ägypten; Abraham muss Sara als seine Schwester tarnen, um zu verhindern, dass Männer, die sie begehren, ihn aus dem Weg schaffen (Gen 12,10 ff.); Streit mit der Verwandtschaft, mannigfaltige schwierige Erfahrungen auf dem Weg und schließlich das zunehmend hoffnungslose Warten auf Nachkommenschaft bestimmen den Fortgang der Geschichte. Schließlich wagt Abraham – auch auf Saras Geheiß hin – den verzweifelten und dann erfolgreichen Versuch, in Hagar, der ägypti-

---

66 Als einführende Darstellung zu Kindsein und Kindheit heute vgl. z. B.: Heidrun Bründel/Klaus Hurrelmann, Kindheit heute. Lebenswelten der jungen Generation, Weinheim/Basel 2017.

schen Magd im Haus Abrahams und Saras, eine, wie man heute sagen müsste, Leihmutter zu finden, mit der er einen Sohn zeugt. Die Folge ist Eifersucht zwischen den Frauen; und als Sara dann doch noch den so lange ersehnten Nachkommen Isaak gebärt, verstößt Abraham Hagar samt ihrem Sohn Ismael (Gen 21,8 ff.). Hier wird noch einmal deutlich, dass keineswegs alle der in den Erzählungen angesprochenen Erfahrungen für Kinder geeigneten Erzählstoff bieten. Erfahrungen der Vertreibung sind auch für Kinder nachvollziehbar, aber dass die Mutter dem Vater nahelegt, mit einer anderen Frau Kinder zu zeugen, würde sie in mehrfacher Hinsicht überfordern. Die unterrichtliche Behandlung im Religionsunterricht der Grundschule sollte sich vor allem in Auswahl darauf konzentrieren, was für Kinder besonders wichtig ist.

Dazu zählen gewiss die Situation des Aufbruchs und der Ermutigung, aber auch der Umgang mit Schwierigkeiten auf dem Weg und die Fähigkeit, Herausforderungen erfolgreich zu meistern. In den Abraham-Erzählungen geht es dabei aber nicht einfach um einen mutigen Menschen – um einen Abraham, der sich erfolgreich durchbeißt. Von Anfang an ist vielmehr Gott im Spiel, als ein größeres Gegenüber, das Abraham Schutz und Begleitung gewährt. Dieses Gottesbild kann auch für Kinder besonders attraktiv und bedeutsam sein. Allerdings kann heute nicht davon ausgegangen werden, dass alle Kinder in einer Religionsgruppe so religiös sozialisiert sind, dass sie mit den im Text angesprochenen Erfahrungen unmittelbar etwas anfangen können. Deshalb sollte die Erschließung der im Text beschriebenen Erfahrungen Abrahams mit Gott im Zentrum stehen. Die eigenen Gottesbilder der Kinder können dann darauf bezogen werden oder auch allererst eine bewusste Gestalt finden. Wenn Kinder hier vielleicht überhaupt zum ersten Mal ausdrücklich von Gott hören – oder wenn es zumindest eine der ersten Gelegenheiten dafür ist –, liegt darin eine wichtige Chance für das Lernen.

Psychologische Bezüge liegen hier auf der Hand. Vertrauensbildung ist eine grundlegende Entwicklungsaufgabe im Kindesalter. Schon Erik Erikson spricht von einem als Voraussetzung einer gesunden Entwicklung auszubildenden Ur- oder Grundvertrauen und macht darauf aufmerksam, dass hier mit einer spannungsvollen Dynamik zwischen Vertrauen und Misstrauen – als enttäuschtem Vertrauen – zu rechnen ist.[67] Daran anschließende Theorien verweisen auf die Bedeutung kindlicher Bindungserfahrungen und Bindungsfähigkeit, was wiederum auch religionspsychologische Implikationen speziell

---

67 Einführende Darstellung dazu bei: Friedrich Schweitzer, Lebensgeschichte und Religion. Religiöse Entwicklung und Erziehung im Kindes- und Jugendalter, Gütersloh [8]2016.

für Gottesbilder einschließt.[68] Die Erfahrung sicherer Bindung und ein positives Bild von Gott als einem verlässlich-vertrauenswürdigen Gegenüber gehen demnach Hand in Hand und können sich wechselseitig stützen. Damit lässt sich auch begründen, dass der Religionsunterricht besonders in der Grundschule eine wichtige Bedeutung für die kindliche Vertrauensbildung allgemein zu leisten vermag.

Umgekehrt tritt hier einer der Gründe dafür hervor, warum es nicht ratsam ist, die Geschichte von »Abrahams Versuchung« (»Isaaks Opferung«) schon in den Eingangsklassen der Grundschule aufzunehmen. Zu groß ist die Gefahr, dass hier einem ambivalenten Gottesbild Vorschub geleistet wird. Leicht kann der Eindruck entstehen, Gott handle willkürlich und sei grausam, verlange gar Kinder-Opfer und bedrohe die Menschen wie ein Monster. Damit wären die positiven Bezüge auf Gottes verlässliche Begleitung rasch verspielt, auch wenn richtig bleibt, dass die Vorstellung vom »immer nur lieben Gott« ebenfalls nicht tragfähig ist.

Eine eigene, allerdings noch wenig geklärte Frage bezieht sich darauf, ob Kindern heute die Geschichte von »Isaaks Opferung« durch das gemeinsame Aufwachsen mit muslimischen Kindern in neuer Weise nahekommt. Denn in der koranischen Fassung (Sure 37) steht diese Geschichte hinter einem der wichtigsten Feste im Islam, dem Opferfest, das natürlich auch Kinder mitfeiern. Darin könnte ein Grund liegen, diese Geschichte zumindest in den späteren Jahren der Grundschule aufzunehmen. Dass Abraham bei den Muslimen als Ibrahim – so der Name im Koran – auftritt, könnte einem Teil der Kinder bereits aus dem Kindergarten bekannt sein. Denn auch dort spielt die doppelte Verankerung von Abraham/Ibrahim in Bibel und Koran mitunter eine wichtige Rolle für erste Schritte interreligiösen Lernens.[69] Dem entspricht es, wenn ein Teil der aktuellen Bildungspläne auch den Erwerb der Fähigkeit, Abraham und Ibrahim den verschiedenen Religionen von Judentum, Christentum und Islam zuordnen zu können, für den Grundschulreligionsunterricht vorsieht.

---

68 Eine entsprechende Theorie der Bindung wurde von John Bowlby entwickelt; den weiteren Horizont kindlicher Bildungs- und Beziehungserfahrungen beschreibt: Gerd E. Schäfer, Bildungsprozesse im Kindesalter. Selbstbildung, Erfahrung und Lernen in der frühen Kindheit, Weinheim/München ⁵2016. Zu religionspsychologischen Aspekten der Bindungstheorie vgl.: Sebastian Murken, Gottesbeziehung und psychische Gesundheit. Die Entwicklung eines Modells und seine empirische Überprüfung, Münster u. a. 1998.
69 Vgl. dazu etwa die Praxisberichte in: Katja Baur (Hg.), Zu Gast bei Abraham. Ein Kompendium zur interreligiösen Kompetenzbildung, Stuttgart 2007; zum weiteren Horizont vgl.: Friedrich Schweitzer, Interreligiöse Bildung. Religiöse Vielfalt als Herausforderung und Chance, Gütersloh 2014.

Zusammenfassend kann festgehalten werden, dass die Erzählungen von Abraham und Sara sich in besonderer Weise eignen, für Kinder elementare Erfahrungen aufzunehmen. Für die Kinder liegt darin eine Chance, in ihren eigenen Erfahrungen sprach- und reflexionsfähig zu werden. Darüber hinaus können sie für ihre eigene Entwicklung wichtige Impulse von Hoffnung und Ermutigung aufnehmen, die sie wiederum mit Abrahams Gottesbeziehung verknüpfen können. Auf diese Weise lernen sie einen herausfordernden, aber auch behütend-begleitenden Gott kennen.

2.3 Die Erzählungen von Abraham und Sara als Ursprungsgeschichten für das Volk Israel: Elementare Strukturen

Auch wenn die elementaren Strukturen im Sinne exegetischer Befunde an dieser Stelle im Einzelnen nicht entfaltet werden können, sind einige Hinweise dazu doch unerlässlich. Für den Grundschulreligionsunterricht werden biblische Geschichten in der Regel einfach als Erzählungen aufgenommen, häufig in der kanonisch gewordenen Gestalt, wie sie in den deutschsprachigen Bibelausgaben zu finden sind. Doch gilt auch für die Lehrkräfte in der Grundschule, dass sie zumindest für sich selbst eine klare Orientierung hinsichtlich der theologischen Bedeutung dieser Erzählungen gewinnen müssen. Dies ist im vorliegenden Zusammenhang auch deshalb wichtig, weil die Abraham-Erzählungen in einem interreligiösen Zusammenhang wahrzunehmen sind, was eine entsprechende theologische Sprach- und Auskunftsfähigkeit erforderlich macht.

Bei den Erzählungen von Abraham und Sara wird zugleich deutlich, dass Exegese und Didaktik zwar immer aufeinander zu beziehen sind, dass die dabei entstehende Schnittmenge aber nicht so zu verstehen ist, dass die exegetischen Befunde vollständig in den Unterricht zu übernehmen wären. In der Grundschule stehen bei Abraham und Sara die Erzählungen als Erzählungen im Vordergrund, während die historische Bedeutung dieser Erzählungen nicht gleichermaßen beachtet werden kann. Exegetisch sind die Erzählungen von Abraham und Sara als »Ursprungsgeschichte Israels« zu lesen.[70] Zentral sind deshalb folgende Fragen: »Wie wurde Israel zu einem Volk? Wie kam es zu seinem Land? In welchem Verhältnis steht es zu seinen Nachbarn?«[71] Deshalb gilt im Blick auf Abraham und Sara: »Im Ahnpaar ist also immer schon das Volk gegenwärtig.«[72] Daraus kann dann sogar gefolgert werden: »Alle Versuche, aus

---

70 Matthias Köckert, Abraham. Ahnvater – Vorbild – Kultstifter, Leipzig 2017, 34. Dieses Buch bietet eine allgemeinverständliche und zugleich fachlich fundierte Darstellung.
71 Ebd., 39 f.
72 Ebd., 40.

jenen Geschichten eine biographische Skizze der Ahnen Israels oder ein farbiges Historienbild ihrer Zeit zu gewinnen, gehen an Sinn und Bedeutung jener Texte vorbei.«[73]

Didaktisch hingegen – so lassen etwa publizierte Unterrichtsvorschläge rasch erkennen – tritt in der Grundschule die Person Abrahams und, etwas weniger, auch die Person Saras in den Vordergrund.[74] Als legitim kann dies insofern gelten, als damit der Charakter der Erzählungen als Erzählungen ernst genommen wird. Denn Erzählungen gibt es niemals als solche, sondern immer nur zusammen mit ihrer Rezeption, die im Falle der Grundschule die Rezeption durch Kinder meint. Die aus der Exegese rührende Warnung bleibt gleichwohl zu beachten: Die biblischen Geschichten dürfen durch den didaktischen Gebrauch nicht einfach verfälscht werden.

Viel diskutiert werden in der pluralen Situation unserer Gegenwart die Möglichkeiten einer »abrahamitischen Ökumene«.[75] In dieser Sicht können Judentum, Christentum und Islam sich auf gemeinsame Ursprünge besinnen und so in der jeweils anderen Religion die eigene Tradition wiederfinden. Eine genauere Betrachtung zeigt jedoch, dass die Bedeutung Abrahams in den drei Religionen höchst unterschiedlich ist:

- Im Judentum verbindet sich die Figur Abrahams mit der Herkunft des Volkes Israel, dem in besonderer Weise die von Gott an Abraham übermittelte Verheißung gilt: »Und ich will dich zum großen Volk machen« (Gen 12,2) – eine Verheißung, die eben das Volk Israel und kein anderes Volk betrifft und auszeichnet.
- Im Christentum findet Abraham schon neutestamentlich zahlreiche Erwähnungen, insbesondere bei Paulus, der in Abraham ein Vorbild im Glauben findet: Paulus nennt ihn »unseren leiblichen Stammvater« (Röm 4,1) und versteht ihn als einen Menschen, der durch den Glauben gerecht geworden ist. Dazu zitiert Paulus Gen 15,6: »Abraham hat Gott geglaubt, und das ist

---

73 Ebd.
74 Vgl. z. B.: Karin Eisbrenner, Abrahams Lebensweg als Beispiel einer Gotteserfahrung. In: Grundschulmagazin 11(1997) H. 3, 55–57; Dagmar Bethke, Mit Abraham in ein neues Land. Stationenlernen im Religionsunterricht. In: Praxis Grundschule 20 (1996) H. 1, 36–40; Sabine Benz/Karolin Frank-Vormweg, Gott und Abraham: Ein Segensband verbindet. Ein narratives Unterrichtsprojekt für Schülerinnen und Schüler der Kursstufe und Klasse 2. In: entwurf 3/2017, 16–29.
75 Vgl. Karl-Josef Kuschel, Streit um Abraham. Was Juden, Christen und Muslime trennt – und was sie eint, Neuausgabe Düsseldorf 2001; Hubert Frankemölle, Vater im Glauben? Abraham/Ibrahim in Tora, Neuem Testament und Koran, Freiburg 2016; auch Matthias Köckert, Abraham; religionspädagogisch: Baur (Hg.), Zu Gast bei Abraham; Harry Harun Behr/Daniel Krochmalnik/Bernd Schröder (Hg.), Der andere Abraham. Theologische und didaktische Reflektionen eines Klassikers, Berlin 2011.

ihm zur Gerechtigkeit gerechnet worden.« Und er führt weiter aus: »Denn die Verheißung, dass er der Erbe der Welt sein solle, ist Abraham oder seinen Nachkommen nicht zuteil geworden durchs Gesetz, sondern durch die Gerechtigkeit des Glaubens« (Röm 4,12).
- Auch im Koran findet Abraham eine neue Deutung. Er wird zum urbildlichen Monotheisten und damit gleichsam zum ersten Muslim, der die koranischen Vorschriften erfüllt. Damit verbunden ist die Überzeugung, dass weder die Juden noch die Christen die wahren Erben Abrahams sein können, sondern allein die Muslime.[76]

So ist Abraham zwar ein gemeinsamer Bezugspunkt in allen drei monotheistischen Religionen, aber die unterschiedlichen Bezugnahmen auf Abraham haben zugleich einen deutlich trennenden Charakter. Insofern geht die vorschnelle Annahme einer »abrahamitischen Ökumene« an den von den drei Religionen vorausgesetzten Sichtweisen Abrahams vorbei, auch wenn dadurch die heutigen Bemühungen um einen Religionsfrieden im Namen Abrahams natürlich nicht einfach widerlegt sind. Zu wissen, dass Abraham in den drei großen monotheistischen Religionen prominent vorkommt, ist auf jeden Fall ein wichtiges und aktuelles Bildungsziel.

Gerade weil die in Abraham/Ibrahim zu findenden Gemeinsamkeiten inzwischen auch schon mitunter im Kindergarten thematisiert werden, sollte auch der Grundschulunterricht nicht einfach daran vorbeigehen. Auf jeden Fall sollte sich die Lehrkraft darüber im Klaren sein, mit welchen Gemeinsamkeiten, aber auch Unterschieden hier zwischen den religiösen Traditionen zu rechnen ist und was dies für die Schülerinnen und Schüler in der Grundschule bedeutet, auch etwa im Blick auf religiöse Feste wie das islamische Opferfest.

2.4 Wie Kinder die Abraham-Geschichten verstehen: Elementare Zugänge

Angesichts der festen Verankerung der Erzählungen von Abraham und Sara im Lehrplan für den Religionsunterricht in der Grundschule ist es erstaunlich, dass bislang noch kaum empirische Erkenntnisse darüber verfügbar sind, wie Kinder diese Geschichten verstehen.[77] Nachfolgende Überlegungen müs-

---

76 Vgl. dazu die in Anm. 75 angegebene Literatur.
77 Als eines der wenigen Beispiele vgl. aus dem Bereich der Kindertheologie: Christina Kalloch, Glauben wie Abraham? Kinder begegnen Erzähltexten. In: Anton A. Bucher u. a. (Hg.), »Im Himmelreich ist keiner sauer«. Kinder als Exegeten. Jahrbuch für Kindertheologie 2, Stuttgart 2003, 98–108.

sen sich daher auf allgemeine Voraussetzungen der kindlichen Rezeption von Geschichten beziehen.

Zu Recht wird festgestellt, dass Kinder im Grundschulalter noch ganz »in Geschichten« leben.[78] Für sie sind Geschichten, gerade auch biblische Geschichten, deshalb so spannend, weil sich Kinder noch ganz darauf konzentrieren, was in diesen Geschichten geschieht. Dabei versetzen sie sich in verschiedene Figuren hinein und werden sozusagen selbst Teil des Geschehens. Damit ist zugleich gesagt, dass Kinder nur selten *über* die Bedeutung von Geschichten nachdenken oder auch nach einer allgemeinen übertragbaren Bedeutung fragen. Dass es hier um Ursprungsgeschichten für das Volk Israel geht, erschließt sich Kindern in aller Regel kaum oder bestenfalls indirekt so, dass sie wahrnehmen, was Abraham und Sara alles erleben. Insofern kommt der erzählerische Charakter der Abraham-Erzählung Kindern sehr entgegen und sollte sich der Unterricht auch auf diese Perspektive der Erschließung konzentrieren.

Gleichwohl bliebe eine rein erzählerische Erschließung hinter den heutigen Anforderungen zurück. Denn wie schon deutlich geworden ist, kann es durchaus vorkommen, dass christliche und muslimische Kinder im Gespräch miteinander erfahren, dass in Bibel und Koran anders und anderes von Abraham erzählt wird. Dann brechen unvermeidlich Fragen auf, wie dies möglich sei, wie die verschiedenen Erzählungen zueinander stehen und letztlich – jedenfalls manchmal – auch die Frage, was denn nun eigentlich »richtig« oder »wahr« sei.[79]

2.5 Kann ich auf Gott vertrauen? Elementare Wahrheiten

Wie beim Verhältnis zwischen Bibel und Koran deutlich geworden ist, können beim Thema Abraham interreligiöse Wahrheitsfragen aufbrechen. Im Zentrum dürften in der Regel jedoch eher solche Fragen stehen, die sich auf elementare Erfahrungen beziehen. Und hier ist schon deutlich geworden, dass Fragen des Vertrauens – des Vertrauens auf Gott – entscheidend sind.

Abraham lässt sich auf die Herausforderung ein: »Geh aus deines Vaters Hause« – brich auf »in ein Land, das ich dir zeigen will« – ein Land also, das Abraham noch nicht einmal kennen oder erahnen konnte (Gen 12,1). Und Gott lässt ihn nicht allein. Finden Kinder darin ein Vorbild für ihren eigenen Lebens-

---

78 So etwa: James W. Fowler, Stufen des Glaubens. Die Psychologie der menschlichen Entwicklung und die Suche nach Sinn, Gütersloh 1991.
79 Dass auch schon Kinder, sogar im Vorschulalter, richtiggehende Streitgespräche um religiöse Wahrheit führen, zeigen eindrücklich die Befunde in: Anke Edelbrock/Friedrich Schweitzer/Albert Biesinger (Hg.), Wie viele Götter sind im Himmel? Religiöse Differenzwahrnehmung im Kindesalter, Münster/New York 2010.

weg? Erkennen sie hier einen Grund für die Hoffnung, dass auch sie diesen Weg nicht einfach allein gehen müssen?

Die Wahrheitsfragen, die hier aufbrechen können, dürften Kindern selten bewusst sein, und sie verfügen auch noch nicht über die sprachlichen Möglichkeiten, solche Erfahrungen zu artikulieren. Realistisch dürfte die Erwartung sein, dass sie zumindest etwas von der Gewissheit spüren, die Abraham in seinem Gottvertrauen begleitet hat. Ebenso unübersehbar ist Abrahams Erfahrung, dass Gott ihn am Ende niemals im Stich gelassen hat, trotz aller Herausforderungen, die er meistern musste.

Die vielleicht schwierigste Wahrheitsfrage in den Abraham-Erzählungen betrifft freilich ein Problem, das nach heutigem pädagogischem Verständnis mit Kindern eher nicht aufzunehmen ist. Was für ein Gott soll es sein, der Abraham befiehlt: »Nimm Isaak, deinen einzigen Sohn, den du liebhast, [...] und opfere ihn [...] zum Brandopfer auf einem Berge, den ich dir sagen werde« (Gen 22,2)?[80] Ein Gott, der so etwas befiehlt, wäre kein Gott mehr, und ein Vater, der so etwas gehorsam erfüllt, hätte es nicht verdient, noch Vater genannt zu werden. Auf der reinen Erzählebene lassen sich die Probleme dieses Textes nicht lösen. Für weiterreichende Reflexionen, etwa über den ätiologischen oder metaphorischen Charakter dieser Erzählung, fehlen den Kindern in der 1. oder 2. Klasse aber noch die Voraussetzungen. Insofern ist es angemessen, wenn heute auf diese Geschichte in aller Regel in der Grundschule verzichtet wird.[81]

2.6 Von Abraham und Sara erzählen: Elementare Lernformen

Nach dem Gesagten ist bereits klar, dass die narrative Ausgestaltung des Unterrichts in diesem Falle ganz im Vordergrund stehen sollte. Es geht auch methodisch darum, den Kindern die Abraham-Erzählungen so zu präsentieren, dass sie wirklich mit und in diesen Erzählungen leben und sie damit intensiv erleben können.

Grundschulpädagogisch kann das Erzählen durch weitere Elemente unterstützt und ergänzt werden – durch Bilder, die den Kindern gezeigt werden

---

80 Vgl. Bernhard Greiner/Bernd Janowski/Hermann Lichtenberger (Hg.), Opfere deinen Sohn! Das ›Isaak-Opfer‹ in Judentum, Christentum und Islam, Tübingen 2007; Hans-Dieter Neef, Die Prüfung Abrahams. Eine exegetisch-theologische Studie zu Gen 22,1–19, Tübingen ²2014.

81 Als Beispiel aus dem Zusammenhang der Elementarisierung im Blick auf die Sekundarstufe II vgl. Sara Haen, Im Namen Gottes darf nicht mehr getötet werden. Elementarisierende Erschließung der *Bindung Isaaks* (Genesis 22). In: Friedrich Schweitzer (Hg.), Elementarisierung und Kompetenz. Wie Schülerinnen und Schüler von „gutem Religionsunterricht profitieren, Göttingen ⁴2018, 37–50.

oder die sie selbst malen. Ebenfalls denkbar ist ein Stationen-Lernen, das dem Weg Abrahams entspricht und bei dem die Kinder selbst auf die Reise gehen – mit Abraham.[82] Zudem können Abraham-Lieder für Kinder in der Praxis eingesetzt werden, möglicherweise auch als wiederkehrendes Element, das die Stunden zu Abraham miteinander verbindet. Spielerische Formen stellen eine weitere Möglichkeit dar. Gerade Grundschülerinnen und -schüler lassen sich gerne auf Rollenspiele ein, wie sie sich im Anschluss an einzelne Geschichten gut gestalten lassen.

2.7 Wurden die Ziele erreicht? Evaluation

Ausdrücklich nach dem Erfolg des angestrebten Kompetenzerwerbs zu fragen hat im Grundschulreligionsunterricht wenig Tradition und erscheint gerade bei einer narrativen Gestaltung vielleicht auf den ersten Blick sogar unangemessen. Erzählungen haben ihren Sinn in sich selbst, und es muss nicht immer gefragt werden, was Kinder dabei lernen. Im Rahmen der Schule bleibt der Kompetenzerwerb gleichwohl wichtig und muss dazu nicht in Konkurrenz treten. Allerdings sind schriftliche Formen der Evaluation vor allem mit Kindern in Klasse 1 und 2 natürlich noch nicht möglich, weshalb sich hier die Form des Gesprächs anbietet.

> Als Gott zu Abraham sagte »Geh aus deines Vaters Hause«, brich auf »in ein Land, das ich dir zeigen will« – was hättet ihr da wohl gesagt oder getan? Was meint ihr, weshalb Abraham dann tatsächlich aufbricht und nicht etwa so tut, als hätte er Gott gar nicht gehört?

In einem Gespräch im Anschluss an einen solchen Impuls können die Kinder zeigen, in welchem Maße sie Ängste und Hoffnungen beschreiben können und wie sie diese mit verschiedenen biblischen und eigenen Gottesbildern in Verbindung bringen.

---

82 Vgl. zu solchen und anderen Möglichkeiten die in Anm. 74 genannte Literatur.

3. Wer war Jesus wirklich? – Christologie-Didaktik als notwendiges Wagnis (Oberstufe)

3.1 Ausgangspunkte – Orientierungen

So unverzichtbar und grundlegend christologische Themen für den Religionsunterricht einerseits sind, so didaktisch herausfordernd erweisen sie sich andererseits in der Vorbereitung und der praktischen Umsetzung. Die »didaktische Verlegenheit«[83], in die Lehrkräfte bei christologischen Themen häufig geraten, spiegelt sich in der thematischen Aufnahme in Bildungsplänen, Lehrbüchern und Unterrichtshilfen wider.

Eine Gefahr besteht darin, christologische Aussagen von Anfang an verkürzt aufzunehmen und sie als eine Art »Jesulogie« zu behandeln, oder die »Sache Jesu« auf eine reine Wissensvermittlung hin zu verengen, z. B. durch die Aufzählung christologischer Hoheitstitel. Ein Problem in der Christologie-Didaktik liegt zumeist darin, dass die Relevanz des Bekenntnisses zu Jesus Christus als dem Messias, Erlöser oder Retter für heutige Kinder und Jugendliche aus Scheu vor einem vermeintlichen Desinteresse weggelassen oder ausgeblendet wird. Die elementare Erschließung im Folgenden soll dazu ermutigen, das notwendige Wagnis einer Christologie-Didaktik für einen gegenwartsbezogenen Oberstufenunterricht einzugehen. Berücksichtigt werden dabei auch das Judentum und der Islam, da sich christologische Themen ohne eine intra- und interreligiöse Ausweitung der Perspektive nicht mehr adäquat darstellen lassen.

Aus religionsdidaktischer Sicht liegen etliche (empirische) Untersuchungen vor, die den Umgang mit Christologie von Kindern und Jugendlichen analysieren.[84] Die Ergebnisse zeigen ein breites Spektrum von Einstellungen und Wahrnehmungen: Während bei jüngeren Schülerinnen und Schülern der Umgang mit christologischen Fragen selbstverständlich zu sein scheint und sie Interesse zeigen,[85] weisen die Befunde bei Jugendlichen eine höhere Diversität auf, was auch an unterschiedlichen Ergebnissen in den Untersuchungen abzu-

---

83 Rudolf Englert, Die christologische Frage im Religionsunterricht. In: Ders./Friedrich Schweitzer (Hg.), Jesus als Christus – im Religionsunterricht. Experimentelle Zugänge zu einer Didaktik der Christologie, Göttingen 2017, 10–28, 22.
84 Stellvertretend für weitere: Gerhard Büttner, »Jesus Hilft!« Untersuchungen zur Christologie von Schülerinnen und Schülern, Stuttgart 2002; Claudia Gärtner, Ästhetisches Lernen. Eine Religionsdidaktik zur Christologie in der gymnasialen Oberstufe, Freiburg 2011; Tobias Ziegler, Jesus als »unnahbarer Übermensch« oder »bester Freund?« Elementare Zugänge Jugendlicher zur Christologie als Herausforderung für Religionspädagogik und Theologie, Neukirchen-Vluyn 2006.
85 Gerhard Büttner, »Jesus Hilft!«, 280.

lesen ist.⁸⁶ Aus den Untersuchungen zur Konfirmandenarbeit beispielsweise geht zudem hervor, dass Jugendliche dem Thema Christologie durchaus einen hohen Stellenwert beimessen und großes Interesse zum Ausdruck bringen.⁸⁷ Gleichzeitig machen die Befunde deutlich, dass vor allem ältere Jugendliche dem Auferstehungsglauben mit erheblichen Zweifeln begegnen und daher auch nicht an eine Auferstehung Jesu glauben.

Schwerpunktmäßig konzentriert sich die Darstellung in diesem Kapitel auf die *historisch-hermeneutische Kompetenz*, da sie im Anschluss an die neuere Jesusforschung einen guten Anknüpfungspunkt bietet, um nach zeitgemäßen Aktualisierungen für die Gegenwart zu fragen. Des Weiteren lässt sich über eine anzustrebende *ästhetische Kompetenz* vor allem ein Zugang zu den vielfältigen künstlerischen Jesus-Darstellungen finden. Schließlich kann die Ausbildung einer *Wahrnehmungs- und Deutungskompetenz*, so wie sie auch durch narrative und literarische Lernformen angeeignet werden kann, angestrebt werden (vgl. Elementare Lernformen).

3.2 Christologische Perspektiven als konstitutive Sichtweise auf den Unterricht: Elementare Strukturen

Christologie kann verstanden werden als das (wissenschaftlich-)theologische Bemühen, das für den christlichen Glauben konstitutive Bekenntnis zu Jesus Christus für die Gegenwart zu erschließen. Für Religionslehrerinnen und -lehrer stellt sich damit grundlegend die Frage, welchen Stellenwert sie der Christologie in ihrem Unterricht zumessen wollen: Entweder wird Christologie als ein Teil der Theologie verstanden, dann werden im Unterricht einzelne Themen christologisch erschlossen; oder aber – was zumeist favorisiert wird – stellt Christologie eine konstitutive Perspektive auf den Unterricht dar, die es als eigene Dimension immer zu berücksichtigen gilt. Strukturell gesehen zeigt jedenfalls kaum ein anderes Unterrichtsthema die Verwobenheit der einzelnen theologischen Disziplinen so deutlich auf, wie es das Thema Christologie verlangt.⁸⁸ Zudem legen es die zunehmend multireligiösen Lebenszusammenhänge in Deutsch-

---

86 Vgl. Tobias Ziegler, Christologische Fragen Jugendlicher als religionspädagogische Herausforderung. In: Gerhard Büttner/Jörg Thierfelder (Hg.), Trug Jesus Sandalen? Kinder und Jugendliche sehen Jesus Christus, Göttingen 2001, 106–129; Katharina Ochs, Theologische Gespräche in der Oberstufe – Einblicke in das Denken und in Gespräche zu Jesus Christus. In: Petra Freudenberger-Lötz/Friedhelm Kraft/Thomas Schlag (Hg.), »Wenn man daran noch so glauben kann, ist das gut« (Jahrbuch für Jugendtheologie, Bd. 1), Stuttgart 2013, 123–136.
87 Vgl. Friedrich Schweitzer u.a., Konfirmandenarbeit im Wandel – Neue Herausforderungen und Chancen. Perspektiven aus der zweiten bundesweiten Studie, Gütersloh 2015, 70.
88 Jens Schröter, Jesus von Nazaret. Jude aus Galiläa – Retter der Welt, Leipzig ⁴2012.

land und Europa nahe, die Christologie auch in interreligiöser Hinsicht stärker zu berücksichtigen.

Um für Schülerinnen und Schüler glaubhaft die Frage beantworten zu können, wer Jesus Christus wirklich war, bedarf es bei der Vorbereitung verschiedener (exegetisch-)theologischer Zugangsweisen.[89] Drei Fragehorizonte sollen im Folgenden skizziert werden: der Umgang mit dem »historischen Jesus«, der »memory approach« der neueren Jesusforschung und die Bedeutung Jesu als Jude für die Entstehung des christlichen Glaubens.[90]

Als eine erste Herangehensweise sollte eine *geistes- und kulturgeschichtliche Kontextualisierung* des historischen Jesus mitbedacht werden. Als Lehrkraft gilt es hierbei zu plausibilisieren, wie aus dem Wirken und Handeln Jesu von Nazareth als historischer Person eine Wandlung hin zum Sohn Gottes und erhöhten Herrn vollzogen werden konnte bzw. gegenwärtig gedeutet werden kann. Wichtig dabei ist, dass »die Jesus-History und die Christus-Story«[91] nicht gedanklich zu trennen sind, sondern die Geschichte von Jesus als Christus immer auch sprachlich, räumlich und zeitlich kontextualisiert wird. Nicht die nachweisbaren Fakten über Leben und Wirken Jesu können primäres Lernziel sein, sondern es muss um die mit den historisch-hermeneutischen Verstehens- und Erinnerungsleistungen verbundenen Erkenntnisse gehen. Jugendliche werden die historische und gegenwärtige Bedeutung von Jesus wesentlich besser nachvollziehen, wenn sie verstehen, warum sein Leiden und sein Kreuzestod für viele Juden anstößig waren. Die mannigfaltigen Zeugnisse des Neuen Testaments lassen zudem vielfältige Bezüge zu, die auch didaktisch sichtbar werden müssen, denn die Texte des Neuen Testamtents sind Zeugnisse der (biblischen) Geschichte und des Glaubens. Es wird rasch deutlich, dass die Frage nach dem historischen Jesus immer auch das Verhältnis zwischen Christentum und Judentum berührt, denn Jesus von Nazareth hat als Jude gelebt und gewirkt. Somit liegt auf der Hand, dass intra- und interreligiöse Aspekte nicht ausgeblendet werden dürfen und neben einer Verhältnisbestimmung des Christentums zum Judentum auch eine Verhältnisbestimmung zum Islam mitgedacht werden sollte.[92]

---

89 Vgl. Ruben Zimmermann, Was Unterricht zum Thema »Jesus Christus« aus neutestamentlicher Sicht bieten und leisten sollte. In: Englert/Schweitzer, Jesus als Christus, 41–59.
90 Vgl. dazu auch: Jens Schröter, Jesus. In: Mirjam Zimmermann/Ruben Zimmermann (Hg.), Handbuch Bibeldidaktik, Tübingen 2013, 339–351.
91 Ruben Zimmermann, Was Unterricht zum Thema »Jesus Christus« aus neutestamentlicher Sicht bieten und leisten sollte, 53.
92 Rudolf Englert/Norbert Mette/Mirjam Zimmermann (Hg.), Christologie. Ein religionspädagogischer Reader, Münster 2015, hier vor allem Kap. III »Christus im (interreligiösen) Dialog«.

Die theologische und religionspädagogische Frage, wie die Aneignung von Geschichte in der jeweiligen Gegenwart am besten vollzogen werden kann, wird in der neueren Jesusforschung mit der Ausbildung einer *historisch-hermeneutischen Kompetenz* beantwortet. Die neuere Jesusforschung, die auch als »Third Quest for the Historical Jesus«[93] bezeichnet wird, grenzt sich von der früheren Leben-Jesu-Forschung ab, die auf der Aufklärungsphilosophie des 19. Jahrhunderts aufbaut. Ziel ist es nun, nicht nur die Quellen des Neuen Testaments zu berücksichtigen, sondern auch kulturanthropologische Erkenntnisse, Münzen und Inschriften sowie weiteres archäologisches Wissen mit aufzunehmen und vor allem den methodischen Zugang zu erweitern. Schlüsselbegriff für die neuere Forschung ist der Begriff »Erinnerung«. Genauer gesagt geht es beim »memory-approach« um Folgendes:

»Damit ist nicht das individuelle Gedächtnis einzelner Personen gemeint. Vielmehr wird der Begriff als kulturhermeneutische Kategorie aufgefasst und auf Gemeinschaften angewandt, deren Identität durch den gemeinsamen Bezug auf Personen und Ereignisse der Vergangenheit definiert wird. Im Blick auf die Jesusforschung bedeutet dies, dass die Beschäftigung mit der historischen Person Jesu von der je eigenen Gegenwart nicht absehen kann und der ›erinnerte Jesus‹ von dem Menschen, der vor ca. 2000 Jahren in Galiläa gewirkt hat, zu unterscheiden ist.«[94]

Eine dritte und unbedingt notwendige Perspektive auf die Christologie ergibt sich aus dem Thema *Jesus als Jude*. Jesu Denken, Wirken und Handeln ist eingebettet in den Kontext des antiken Judentums.[95] Da mit Jesus Christus der Grundstein für den christlichen Glauben gelegt ist, lassen sich auch in den Lehr- und Bildungsplänen viele biblisch-theologische Hinweise dazu finden. Gleichsam kanonisch werden zumeist folgende Themenfelder aufgeführt: Kindheit Jesu, Jesu Taufe, der Mann Jesus von Nazareth, Zeichen und Wunder Jesu, Gleichnisse, die Bergpredigt, Tod und Auferstehung sowie Eschatologie.

---

93 Der Terminus »Third Quest« ist wesentlich geprägt durch Tom Wright. In: Stephen Neill/Tom Wright, The Interpretation of the New Testament, 1861–1986, Oxford/New York 1988, 379.
94 Jens Schröter, Jesus, 344.
95 »Zu den wichtigsten Einsichten der neueren Forschung gehört dabei die Einzeichnung seines Wirkens in das antike Judentum. Mit diesem teilte Jesus als grundlegende Überzeugungen den Glauben an den Gott Israels als den einzigen Gott, der Israel erwählt und ihm sein Gesetz als Weisung zum Leben gegeben hat, die Überzeugung vom Jerusalemer Tempel als dem Ort, an dem Gott anzubeten ist und ihm Opfer darzubringen sind, die Einhaltung des Sabbatgebots und der Speise- und Reinheitsvorschriften, die Beschneidung der männlichen Nachkommen am achten Tag nach der Geburt sowie die Orientierung an den Schriften Israels als verbindlichen Zeugnissen [...]«, Jens Schröter, Jesus, 345.

So wichtig und notwendig die Frage nach der Person Jesu ist, die direkt ins Zentrum des christlichen Glaubens führt, umso nachdrücklicher muss gefragt werden, wie die Texte und Dokumente von Jesus durch Jugendliche angeeignet werden. Da mit Jesu Selbstverständnis und Wirken nicht selten auch Provokationen für die jüdischen Zeitgenossen verbunden waren, liegt in dieser Herangehensweise möglicherweise ein guter Ansatz, um auch zunächst kritische Schülerinnen und Schüler neugierig auf »die Sache Jesu« zu machen. Angesichts eines wiedererstarkenden Antisemitismus kann die Betonung der Zugehörigkeit Jesu zum Judentum allerdings auch Abwehrreaktionen auslösen, die die Notwendigkeit einer entsprechenden Akzentuierung des Unterrichts unterstreichen, auf die die Unterrichtenden vorbereitet sein sollten.

3.3 Zur Relevanz christologischer Themen: Elementare Erfahrungen Jugendlicher

Schaut man auf ältere und jüngere Untersuchungen zu Fragen der Christologie bei Jugendlichen, so ließe sich von einem deutlichen »Relevanzproblem«[96] sprechen. Die Befunde zeigen klar: Genuin christologische Aspekte scheinen im Alltag Jugendlicher – zumindest auf den ersten Blick – nicht vorzukommen. Die bereits als klassisch geltende Untersuchung von Karl Ernst Nipkow »Erwachsenwerden ohne Gott?« aus dem Jahr 1987 weist darauf hin, dass eine gedankliche Trennung der Gottesfrage von der Christologie bei Jugendlichen stattgefunden habe.[97] Untermauert wurde diese These später durch die umfangreiche Studie von Tobias Ziegler, der das Jesus- bzw. Christusbild von Schülerinnen und Schülern der 11. Jahrgangsstufe untersucht hat. Zu den Herausforderungen der elementaren Fragen von Jugendlichen in Bezug auf christologische Themen hält er fest:

> »Trotz der historischen Ausrichtung der Frage ›Wer war Jesus? Was wollte er?‹ gibt es jedoch vergleichsweise wenig Übereinstimmungen mit den bei der *Rückfrage nach dem historischen Jesus* dominierenden Aspekten. So werden z. B. religions- und sozialgeschichtliche Umstände von Jesu Wirken und seine jüdische Identität nur selten in die Darstellung mit einbezogen. Außer ›Sohn Gottes‹, gelegentlich noch Messias, begegnen kaum andere christologische Prädikate.«[98]

---

96 Friedrich Schweitzer, Christologie als didaktische Herausforderung in elementarisierungstheoretischer Perspektive. In: Englert/Schweitzer, Jesus als Christus, 29–40, 31.
97 Karl Ernst Nipkow, Erwachsenwerden ohne Gott? Gotteserfahrung im Lebenslauf, München 1987, 89.
98 Tobias Ziegler, Jesus als »unnahbarer Übermensch« oder »bester Freund«?, 512.

Die Deutung dieser Befunde lässt unterschiedliche Rückschlüsse zu: So könnte der Religionsunterricht selbst Grund für die Zweifel und Anfragen von Jugendlichen sein. Ebenfalls plausibel wäre, dass die Jugendlichen christologische Aussagen und Deutungen nicht als ihre Antworten annehmen können, weil die Erklärungen und Begründungen nicht ihrer eigenen Lebenswirklichkeit entsprechen. Hierin liegt womöglich die größte didaktische Herausforderung: Christologische Aspekte müssen für Jugendliche in Bezug auf ihre Lebensbedeutsamkeit erfahrbar gemacht werden. Es geht bei der Erarbeitung christologischer Inhalte also weniger um eine rein kognitive Denkleistung als vielmehr um die didaktische Aufgabe, Glaubensüberzeugungen für das Selbstverständnis und die Lebensrelevanz von Jugendlichen plausibel werden zu lassen.

Bei der Suche nach lebensweltlichen Anknüpfungspunkten, die als geeigneter Zugang für ein vertieftes Verstehen christologischer Aspekte bei Jugendlichen fungieren könnten, ist viel Kreativität und auch Experimentierfreudigkeit gefragt: So können z. B. auch Themen wie Einsamkeit,[99] Sehnsucht nach Glück,[100] Umgang mit Autoritäten oder die Frage nach Schuld und Erlösung[101] unter christologischen Gesichtspunkten auf hohe Zustimmung und Interesse stoßen. Jesus hat eine kritische Zeitgenossenschaft angestrebt, indem er mit seinem Verhalten Autoritäten provoziert, bestehende Gesetze hinterfragt, oder (religiöse) Regeln bricht und neu interpretiert. Dieses – man würde heute sagen – aufrührerische Verhalten kann bei einer elementarisierenden Erschließung auch für heutige Jugendliche, wenn nicht zu einer Identifikation, so doch zu einem interessierten Nachdenken über Themen wie soziale Gerechtigkeit in der Gesellschaft oder das Verständnis von Nächstenliebe führen.

3.4 »Warum hat Gott denn überhaupt erst einen Jesus schicken müssen?«[102] Elementare Zugänge

Grundsätzlich ist herauszustellen, dass Glaube weder messbar noch evaluierbar ist und sich deshalb auch nicht in Form einer unterrichtsbezogenen Wirkungsforschung sichtbar machen oder analysieren lässt. Jedoch gibt es auch beim

---

99 Vgl. hierzu: Dietrich Korsch, Jesus der Christus. Christologie als Beitrag zur Bildung eigenen Lebens. In: Englert/Schweitzer, Jesus als Christus, 60–69, bes. 63–66.
100 Tobias Ziegler, Im Kreuz Heil und Leben finden? Theologisieren mit Jugendlichen. In: Englert/Schweitzer, Jesus als Christus, 135–151.
101 Annike Reiß, Wovon muss »uns« Christus erlösen? In: Englert/Schweitzer, Jesus als Christus, 152–165.
102 Zitat stammt aus der Untersuchung von Tobias Ziegler, Jesus als »unnahbarer Übermensch« oder »bester Freund«?, 237.

Thema Christologie klar formulierte Zielvorgaben und Kompetenzen, die sich an den altersspezifischen Wissens- und Verstehensvoraussetzungen von Jugendlichen orientieren und damit auch messen lassen müssen (s. die Auflistung von Kompetenzen unter 3.1). Bei der Unterrichtsvorbereitung gilt es deshalb durchweg zu berücksichtigen, dass traditionelle oder als Lehrmeinungen wahrgenommene Sichtweisen immer wieder neu erschlossen werden müssen. Eine zentrale Aufgabe liegt darin, die spezifischen Denk- und Deutungsweisen von Jugendlichen in Bezug auf Jesus Christus zu identifizieren und in die Unterrichtsvorbereitung aufzunehmen. Dabei können empirische Befunde eine erste Orientierung geben.

Hilfreich ist neben der Analyse von Büttner, die auf die Sekundarstufe I zielt,[103] die Klassifizierung von Ziegler, der seine Untersuchungen auf die Sekundarstufe II fokussiert. Ziegler untergliedert das Jesus- bzw. Christusbild von Jugendlichen in fünf Grundhaltungen: (1) eine »kritiklos-indifferente Haltung«, (2) eine »kritisch-ablehnende Haltung«, (3) eine »zweifelnd-unsichere Haltung«, (4) eine »kritisch-aufgeschlossene Haltung« und (5) eine »kritiklos zustimmende Haltung«. Die Verteilung der einzelnen Haltungen ist dabei ebenfalls aufschlussreich: Ein erstaunlich hoher Anteil an Schülerinnen und Schülern steht christologischen Aspekten aufgeschlossen bis kritiklos zustimmend gegenüber.[104] Mit Blick auf die spezifischen Deutungsweisen von Jugendlichen in Bezug auf christologische Themen ist festzuhalten, dass in den empirischen Befunden – basierend auf den entwicklungspsychologischen Ansätzen nach James W. Fowler und Fritz Oser/Paul Gmünder – vor allem Übergänge von den Stufen 2 zu 3 und 3 zu 4 zu beobachten waren. Eine reine Ausprägung der Stufe 4 wurde empirisch bei Jugendlichen nicht festgestellt.[105] Neben der Entwicklungspsychologie hat vor allem die Jugendtheologie gezeigt, dass sich Jugendliche nicht nur für den historischen Jesus interessieren, sondern auch ganz eigene Deutungs- und Zugangsweisen in den Unterricht einbringen.[106]

---

103 Gerhard Büttner, »Jesus Hilft!«.
104 Tobias Ziegler, Jesus als »unnahbarer Übermensch« oder »bester Freund«?, 212.
105 Tobias Ziegler, Jesus als »unnahbarer Übermensch« oder »bester Freund«?, 519–522; vgl. zudem auch: Friedrich Schweitzer, Lebensgeschichte und Religion. Religiöse Entwicklung und Erziehung im Kindes- und Jugendalter, Gütersloh ⁸2016; Gerhard Büttner/Veit-Jakobus Dieterich, Entwicklungspsychologie in der Religionspädagogik, Göttingen ²2016.
106 Vgl. dazu auch das seit 2013 unter wechselnder Herausgeberschaft erscheinende »Jahrbuch für Jugendtheologie«, Stuttgart.

3.5 Wahrheitsfindung inmitten verschiedener Weltzugänge: Elementare Wahrheiten

Die Frage »Wer war Jesus wirklich?« lässt sich in einem von Jugendlichen für sie als relevant empfundenen Religionsunterricht nur befriedigend klären, wenn sich das Thema Christologie nicht nur in theologischen Lehrmeinungen erschöpft, die es zu übernehmen oder abzulehnen gilt. So wichtig kirchengeschichtliche und theologiegeschichtliche Ereignisse für ein sachkundiges Verständnis von Christologie sind und bleiben, so muss doch klar herausgestellt werden, dass sie für Jugendliche allein für einen wahrheitsbezogenen persönlichen Klärungsprozess nicht ausreichen.[107] Deshalb sollte bereits in der Unterrichtsvorbereitung mitbedacht werden, inwiefern der Unterricht für eine existenzielle Klärung von Fragen hilfreich sein kann. Fragen wie »Was trägt die Aussage, Jesus ist wahrhaft Mensch, für mein eigenes Leben aus?«, »Inwiefern ändert sich mein Blick auf die Welt, wenn Gott sich mit einem am Kreuz leidenden Jesus identifiziert und nicht mit den mächtigen Herrschern dieser Welt?« oder »Ändert sich auch mein naturwissenschaftliches Weltbild, wenn ich an die Auferstehung Jesu glaube?« können hilfreiche Impulse sein.

Wie dicht die Klärung von Inhalten mit den existenziellen Wahrheiten verbunden ist, lässt sich beim Thema Christologie besonders deutlich zeigen: Die zunehmende Pluralisierung der Schülerschaft, die sich durch eine interreligiöse Vielfalt auszeichnet, lässt die Frage nach der identitätsstiftenden Bedeutung von Jesus Christus für das eigene Selbstverständnis aktuell und dringlich werden. So ist Jesus Christus vom christlichen Glauben her als Retter, Sohn Gottes und auch Messias anzusehen. Aus der Sicht von jüdischen Schülerinnen und Schülern kann er sicher als ein außergewöhnlicher Mensch aufgefasst werden (worin ihnen wahrscheinlich nicht wenige christliche Jugendliche zustimmen würden). Auch wenn von muslimischen Schülerinnen und Schülern Jesus und vor allem auch seiner Mutter Maria eine wertschätzende Haltung entgegengebracht wird, so liegen doch nicht nur in der im Koran abgelehnten Gottessohnschaft, sondern auch in den unterschiedlichen Vorstellungen von seinem Tod völlig andere Auffassungen vor. So stellt Zekirija Sejdini fest: »Neben der Trinität, die im Koran kategorisch abgelehnt wird (Der Koran 4:157), gehört

---

107 Vgl. für eine sachkundige Klärung: Dieter Korsch, Jesus der Christus. Christologie als Beitrag zur Bildung eigenen Lebens. In: Englert/Schweitzer, Jesus als Christus, 60–69; zudem Kapitel I (Von Jesus zu Christus – biblische Perspektiven) und Kapitel II (Zugänge und Perspektiven der systematischen Theologie). In: Rudolf Englert/Norbert Mette/Mirjam Zimmermann (Hg.), Christologie, 11–81.

die Kreuzigung Jesu auch zu den bleibenden Unterschieden zwischen Islam und dem Christentum.«[108]

Die angedeuteten Glaubensunterschiede sollten auch im Religionsunterricht aufgenommen werden, wobei zu klären ist, dass die aus anderen Religionen kommenden Zweifel z. B. an der Auferstehung Jesu nicht besser oder schlechter, plausibler oder weniger plausibel erscheinen, sondern es hierbei um Wahrheitsfragen geht, die es durch einen sachkundigen Religionsunterricht zu klären gilt. Dabei kommen zugleich die Auffassungen der christlichen Jugendlichen, die keineswegs in jedem Falle den dogmatisch-bekenntnismäßigen Erwartungen entsprechen, in möglicherweise kontroverser Form in den Blick – was Anlass für weitere Klärungen sein kann.[109]

3.6 Christologie als »Sehschule«: Elementare Lernformen

Die bisherige elementare Erschließung des Themas Christologie zeigt, dass sich gängige didaktische Ansätze – sei es ein performativer, problemorientierter, konstruktivistischer, symboldidaktischer oder kompetenzorientiert ausgerichteter Unterricht – allesamt christologisch auslegen lassen. Zudem dürfte deutlich geworden sein, dass das Thema Christologie in hohem Maße eine persönliche Dimension einschließt, die es erforderlich macht, rein kognitive Herangehensweisen so zu erweitern, dass nach kreativen, ästhetischen oder auch performativen Aneignungsmöglichkeiten gesucht wird. Bemerkenswerterweise steht einer eher zurückhaltenden Aufnahme christologischer Themen in den Lehr- und Bildungsplänen eine Fülle von Materialien gegenüber, die sich vielfältigen (re-)zeptions-)ästhetischen Verarbeitungsformen widmen.

Seit geraumer Zeit entsteht der Eindruck, dass sich eine Wiederentdeckung der Figur oder des Themas Jesus Christus in Kunst, Literatur, Musik und Film abzeichnet, bei der sich Künstlerinnen und Künstler mit allen ihnen zur Verfügung stehenden Mitteln der Gestalt Jesu zu nähern versuchen. So wählen Ausstellungsmacher, Dramaturgen, Fotografen oder Regisseure verschiedene Zugänge, die die unterschiedlichen Grade der Entstellung – manchmal fast bis zur Unkenntlichkeit getrieben – einer Jesus-Rezeption oder zumindest Adap-

---

108 Zekirija Sejdini, Jesus Christus in der Sicht des Islam. In: Englert/Schweitzer, Jesus als Christus, 256–265, 264.
109 Vgl. Friedrich Schweitzer, Interreligiöse Bildung, Religiöse Vielfalt als religionspädagogische Herausforderung und Chance, Gütersloh 2014, 197–203 (»Scheiden sich an Jesus Christus die Geister?«) sowie ders., Kindertheologie und Elementarisierung. Wie religiöses Lernen mit Kindern gelingen kann, Gütersloh 2011, hier Kapitel 8 »Jesus und die neue Gerechtigkeit – oder: Ist Gott wirklich fair?«, 149–161.

tion zu erreichen versuchen. Den Produzenten und Künstlern scheint es dabei nicht an Selbstbewusstsein zu fehlen. Auch wenn die Werke und Filme der Theater-, Pop- und Unterhaltungskultur zumeist nicht den Kriterien einer (kirchlich-dogmatischen) Rechtgläubigkeit entsprechen, so wirken sich ihre religiösen Botschaften doch auf die Zuschauenden und Zuhörenden aus. Zu fragen bleibt deshalb bei der Auswahl für den Unterricht, welche Aussagen über Gott oder das Göttliche getroffen werden und inwiefern Jesus noch als Retter, Erlöser oder Messias erkennbar bleibt und nicht ausschließlich als (Pop-)Star stilisiert wird. Dies scheint durchaus keine einfache Aufgabe zu sein.

Die drei im Folgenden vorgestellten exemplarischen Zugangsweisen in Bezug auf die Dimension der elementaren Lernformen sind so ausgewählt, dass sie zum Teil auf bereits erprobten christologie-didaktischen Lehr-Lernarrangements basieren, die zudem auf einen kompetenzorientierten Unterricht zielen. Sicher ließen sich hier noch weitere Beispiele ergänzen.

Jesus Christus und ästhetisches Lernen

Eine umfangreiche Untersuchung zum ästhetischen Lernen in Bezug auf eine Christologie-Didaktik liegt von Claudia Gärtner vor, auf die im Rahmen dieser elementaren Erschließung nur hingewiesen werden kann.[110] Im Folgenden soll ihr Ansatz mithilfe eines Triumphkreuzes skizziert werden, der als mögliche Herangehensweise für eine Christologie-Didaktik dienen soll. Da ästhetische Objekte – so wie das Triumphkreuz – nicht eindeutig in Sprache zu überführen sind, sondern eine nonverbale, aber doch semantische Dichte aufweisen, lassen sie Gärtner zufolge mehrschichtige Deutungsprozesse zu, die für Schülerinnen und Schüler irritierend, zugleich aber auch gedanklich stimulierend wirken können.[111] Ausgehend von der Wahrnehmung, dass selbst Schülerinnen und Schüler einer Sekundarstufe II sich kognitiv schwer tun, Verbindungen zwischen Christologie, Eschatologie und Soteriologie herzustellen – da diese Denkweise in hohem Maße komplementäres Verstehen voraussetzt –, strebt Gärtner bewusst die Förderung dieser Kompetenz an.

Das ästhetische Objekt Triumphkreuz eignet sich ihres Erachtens gut dafür, da es auf verdichtete und komplexe Weise verdeutlicht, dass Sieg und Königtum nicht ohne die biblische Leidensgeschichte Jesu, nicht ohne seine Auferstehung und nicht ohne eschatologische Erlösung zu denken sind. Und gerade diese verdichtete Darstellung ist es, die didaktisches Potenzial dafür bietet, oftmals

---

110 Claudia Gärtner, Ästhetisches Lernen. Eine Religionsdidaktik zur Christologie in der gymnasialen Oberstufe, Freiburg 2011.
111 Vgl. Claudia Gärtner, Christus Sieger, Christus König? Ein Ansatz Ästhetischen Lernens. In: Englert/Schweitzer, Jesus als Christus, 166–178.

isoliert und formelhaft vorhandenes christologisches Wissen von Schülerinnen und Schülern zu vernetzen und zu christologischen Interpretationen herauszufordern. Durch die Auseinandersetzung mit dem Triumphkreuz werden Schülerinnen und Schüler aufgefordert, sich mit ihren eigenen Jenseits-Vorstellungen auseinanderzusetzen. Eine didaktische Herausforderung für die Lehrkraft bestünde darin, die Deutungen der Jugendlichen nicht in eine »Beliebigkeit abgleiten zu lassen«, sondern Schülerinnen und Schüler »mit dem soteriologischen Anspruch des Bildwerks zu konfrontieren«.[112]

Jesus Christus und narratives Lernen

Zwei weitere Zugangsweisen zu einer Christologie-Didaktik liegen von Ruben Zimmermann vor, der – bezugnehmend auf die Elementarisierung – eine geschichtliche und eine sprachlich-ästhetische Dimension wählt. Interessant für Lehrkräfte sind seine beiden Ansätze deshalb, weil er mit der geschichtlichen Dimension eine historisch-hermeneutische Kompetenz fördern will und mit der sprachlich-ästhetischen Dimension eine sprachlich-kommunikative Kompetenz.

Wie bereits bei den elementaren Strukturen angedeutet, liegt ein Paradigmenwechsel in der neueren Jesusforschung darin, dass ein gedächtnistheoretischer Zugang (»memory approach«) eine neue Sichtweise auf das Leben Jesu bieten soll. Mit diesem Ansatz soll es gelingen, »zwar diachron-historisch zu fragen«, aber doch »zugleich die theologische Dimension der Jesus-Christus-Erinnerung zu würdigen«.[113] Sicher wäre es etwa in einer Interventionsstudie zum Religionsunterricht lohnenswert zu prüfen, ob Unterricht mit dem »memory approach« einen Zuwachs der historisch-hermeneutischen Kompetenz erbringt.

Jesus Christus in Erzählungen und Metaphern

Schließlich steht am Ende noch eine ganz zentrale christologische Zugangsweise, die auf die »Aneignung von Christus-Metaphern und Erzählungen« zielt. Wie Ruben Zimmermann zeigt, kommt man um eine Thematisierung von frühchristlichen Hymnen oder auch »epideiktischen Passagen«, die immer auch Sprechakte sind, in einem Oberstufenunterricht zu Jesus Christus nicht herum. Allerdings fordert die »defizitäre Wahrnehmung der Sprachlichkeit christologischer Aussagen« ein Umdenken in der Unterrichtsgestaltung. Seiner Auffassung nach habe die religionsgeschichtliche Analyse von christologischen Titeln Schülerinnen und Schüler eher von der Christologie entfremdet. Es müsse an die Stelle

---

112 Ebd., 174.
113 Ruben Zimmermann, Was Unterricht zum Thema »Jesus Christus« aus neutestamentlicher Sicht bieten und leisten sollte, 52.

des »Zur-Kenntnis-Nehmens von Sachverhalten« ein »dynamisches Wahr-Nehmen von Lebenswahrheiten« treten.[114] Er sieht in einer angeleiteten »Sehschule zu christlichen Metaphern« den Schlüssel, um Schülerinnen und Schüler wieder neu für die Analyse von Quellen zu gewinnen und im Nachsprechen und vor allem Umsprechen von tradierten Texten zu einer »narrativen Identität« bzw. einer »Versubjektivierung des Glaubens« zu kommen. Diese Ideen finden sich bereits in Versuchen, in Form von kreativen Schreibprozessen Evangelien umzuschreiben.

3.7 Wurden die Ziele erreicht? Evaluation

Um zu überprüfen, ob Schülerinnen und Schüler sich tatsächlich mit christologischen Fragestellungen und Sachverhalten vertraut gemacht haben, kann untenstehende Schüleraussage hilfreich sein. Das Vorgehen entspricht dabei der Jugendtheologie, die nach der Theologie *von*, *mit* und *für* Jugendliche(n) fragt. Folgende Aufgabe kann für die Überprüfung der eingangs angeführten Kompetenzen dienlich sein:

> »Warum hat Gott denn überhaupt erst einen Jesus schicken müssen? Wenn es schon vor dem Leben Jesu so viele schlimme Sachen gab, die gebüßt werden mussten, warum hat Gott das davor zugelassen? Und – hat das Leben Jesu nun tatsächlich etwas an allem Unrecht geändert? Der Tod Jesu bedeutet für mich, dass Gott seinen Sohn geopfert hat, dass Jesus ein Märtyrer war und mir fällt kein Argument dafür ein, dass sein Tod sinnvoll war. Es war vielleicht für die Menschen ein Zeichen, dass Gott sein Liebstes opfert für uns, aber darauf hätte ich gut und gerne verzichten können. Ich finde das wirklich grausam.«[115]

a) Formulieren Sie den Kernpunkt des Schülereinwands thesenartig in wenigen Sätzen.
b) Beschreiben Sie, welche Christologie hinter dem Einwand stehen könnte.
c) Verfassen Sie eine kurze Antwort an die Schülerin/den Schüler, die/der den Einwand geäußert hat. Geben Sie an, welche Deutung des Todes Jesu für den Schüler/die Schülerin hilfreich sein könnte.

---

114 Ebd., 58.
115 Diese Schüleräußerung stammt aus der Untersuchung von Tobias Ziegler, Jesus als »unnahbarer Übermensch« oder »bester Freund«?, 237.

4. Das Gleichnis vom Barmherzigen Samariter – Nächstenliebe als didaktische Herausforderung (Klasse 5/6)

4.1 Ausgangspunkte – Orientierungen

Die nachfolgenden Überlegungen beziehen sich auf die Klassen 5/6 Gymnasium. Für diese Altersgruppe ist das Thema Gleichnisse in den Bildungsplänen verschiedener Bundesländer vorgesehen. Als »Fenster zu Gottes neuer Welt« ermöglichen sie den Schülerinnen und Schülern, Jesu Sichtweise auf Gott und die Menschen nachzuvollziehen und zu beschreiben. Gemäß der inhaltsbezogenen Kompetenzen des Bildungsplans können die Schülerinnen und Schüler die Gottesvorstellungen in biblischen Texten wie den Gleichnissen zu menschlichen Fragen und Erfahrungen in Beziehung setzen, die mögliche Bedeutung der biblischen Gleichnistexte für die Gegenwart untersuchen, die Relevanz der in den Gleichniserzählungen Jesu enthaltenen Weisungen für das menschliche Zusammenleben entfalten sowie die metaphorische Bedeutung religiöser Sprache und Ausdrucksformen aufzeigen, wie sie in den Gleichnissen bildhaft und symbolträchtig vorkommen. Hinsichtlich der prozessbezogenen Kompetenzen schließt die Unterrichtseinheit Gleichnisse eine Förderung sowohl der Wahrnehmungs- und Darstellungs- als auch der Deutungsfähigkeit mit ein.

Gleichnisse waren und sind Gegenstand zahlreicher empirischer Studien, sodass zahlreiche Erkenntnisse vor allem zum Verständnis von Gleichnissen bei Kindern und Jugendlichen vorliegen, aber auch Untersuchungen zum Unterricht selbst. An erster Stelle zu nennen ist hierbei die einflussreiche strukturgenetische Untersuchung zur Rezeption synoptischer Parabeln von Anton Bucher,[116] doch sollen auch Chris Hermans' empirisch-theologische Studie zur Gleichnisdidaktik[117] sowie Stefanie Schultes Entwurf einer wirkungsästhetischen Hermeneutik und Didaktik[118] vorab exemplarisch genannt werden. Diese Untersuchungen zeigen beides – das besondere Potenzial von Unterricht mit Gleichnissen, aber auch die besonderen Herausforderungen, die sich dabei auftun.

---

116 Anton A. Bucher, Gleichnisse verstehen lernen. Strukturgenetische Untersuchungen zur Rezeption synoptischer Parabeln, Fribourg 1990.
117 Chris Hermans, Wie werdet ihr die Gleichnisse verstehen? Empirisch-theologische Forschung zur Gleichnisdidaktik, Kampen/Weinheim 1990.
118 Stefanie Schulte, Gleichnisse erleben. Entwurf einer wirkungsästhetischen Hermeneutik und Didaktik, Stuttgart 2008.

4.2 Gleichnisse als Fenster zu Gottes neuer Welt und Nächstenliebe als Leitlinie für das eigene Handeln: Elementare Strukturen

Gleichnisse beziehen sich auf menschliche (Grund-)Erfahrungen und Handlungen und deuten sie auf häufig überraschende Weise neu. Dabei knüpfen sie oftmals an alltägliche Situationen an, wodurch sie für viele Menschen besonders ansprechend sind. Jesu Intention war es offenbar, mit den geschilderten Ereignissen und Erzählungen aus dem Alltag auf das Reich Gottes zu verweisen und es auf bildhafte Weise erfahrbar werden zu lassen. Gleichnisse sind als metaphorische Erzählungen aufzufassen, die sich einlinigen Erklärungen verschließen und im Zuge ihrer Auslegung stets aufs Neue Verstehenshorizonte eröffnen sowie sinnstiftende und den Glauben stärkende Aspekte aufzeigen.[119]

In der Tradition der wissenschaftlichen Gleichnisforschung kommen allerdings verschiedene exegetische Auffassungen zum Tragen. Während die lange Zeit vorherrschende Auslegungsform der Allegorese Gleichnisse als bildhafte Texte ansah, deren Bilder und Begriffe Stück für Stück in eine alltägliche Sprache zu übersetzen waren, ist für die Gleichnisauslegung nach Jülicher die Vorstellung eines Vergleichspunktes *(tertium comparationis)* zwischen Bild- und Sachebene zentral: Gleichnisse zielen in dieser Sicht darauf, eine allgemeine religiöse Wahrheit auszudrücken und diese durch die didaktische Funktion der Gleichnisse verständlich zu machen. Ab der Mitte des 20. Jahrhunderts nimmt die Gleichnisforschung in Abhängigkeit von der jeweiligen exegetischen Schwerpunktsetzung historische, theologisch-hermeneutische, sprachlich-literarische und rezeptionsästhetische Aspekte und Fragestellungen in den Blick. Eine Zäsur stellt die metapherntheoretische Auslegung dar, die endgültig davon Abschied nimmt, Gleichnisse als didaktische Vehikel verstehen zu wollen. Um der Mehrdimensionalität der Gleichnisse gerecht zu werden, bemühen sich in jüngster Zeit sogenannte integrative Ansätze darum, die jeweiligen Stärken der verschiedenen methodischen Zugänge zueinander in Beziehung zu setzen und füreinander fruchtbar zu machen. Insgesamt kommt die neuere Gleichnisauslegung jedoch darin überein, dass Jülichers Vorstellung von Gleichnissen als Vergleichen sowie die Unterscheidung zwischen einer Bild- und Sachhälfte als überholt gelten muss. Aufgrund der narrativen Struktur scheint es unangemessen, einzelne Begriffe aus dem Zusammenhang zu lösen. So betont Weder, dass Gleichnisse als Metaphern nicht zu übersetzen und ebenso wenig als rhe-

---

119 So die Auffassung der neueren Gleichnisexegese; vgl. bes.: Hans Weder, Die Gleichnisse Jesu als Metaphern. Traditions- und redaktionsgeschichtliche Analysen und Interpretationen, Göttingen ³1984.

torisches Hilfsmittel aufzufassen sind – sie stellen vielmehr einen kreativen Prozess dar, bei dem die Welt in einem neuen Licht erscheint.[120]

Bezüglich der Textgattung kann darüber diskutiert werden, ob eine Unterscheidung etwa in Gleichnisse, Parabeln und Beispielerzählungen sinnvoll ist. Ruben Zimmermanns Bestimmung der neutestamentlich so bezeichneten *parabolai* vermag die synoptischen Gleichnisse dabei jedoch hinreichend miteinzuschließen:

> »Eine Parabel ist ein kurzer narrativer (1) fiktionaler (2) Text, der in der erzählten Welt auf die bekannte Realität (3) bezogen ist, aber durch implizite oder explizite Transfersignale zu erkennen gibt, dass die Bedeutung des Erzählten vom Wortlaut des Textes zu unterscheiden ist (4). In seiner Appellstruktur (5) fordert er einen Leser bzw. eine Leserin auf, einen metaphorischen Bedeutungstransfer zu vollziehen, der durch Ko- und Kontextinformationen (6) gelenkt wird.«[121]

Für den Sprachgebrauch im Kontext des schulischen Religionsunterrichts ist die Bezeichnung als Gleichnisse gewiss ausreichend und muss nicht weiter klassifiziert werden.

Das Gleichnis vom Barmherzigen Samariter (Lk 10,30–35) wird dem lukanischen Sondergut zugerechnet. Jesus erzählt das Gleichnis als Reaktion auf die Frage eines Gesetzesgelehrten, wie er das ewige Leben erlangen könne (Lk 10,25) und wer denn sein Nächster sei (V. 29b). Als Schauplatz für die nun folgende eigentliche Beispielerzählung (V. 30–35) dient eine Straße zwischen Jerusalem und Jericho, auf der ein nicht näher beschriebener Mann einem brutalen Raubüberfall zum Opfer gefallen war und schwerstverletzt (*hemithanes* = halb tot) am Boden lag. Als Jesus fortfährt und von einem Priester berichtet, der zufällig des Weges kam, scheint Hilfe für das um sein Leben kämpfende Opfer zum Greifen nahe zu sein. Doch entgegen aller impliziten Erwartungen, dass doch gerade ein so gottesfürchtiger und angesehener Mann wie der Priester allzeit hilfsbereit sein sollte, geht dieser auf der entgegengesetzten Straßenseite an dem Verletzten vorbei und zieht seines Weges (V. 31). Ebenso abweisend verhält sich ein Levit, der anschließend die Straße passiert (V. 32). Ausgerechnet ein durchreisender Samariter – ein Angehöriger einer von Juden verachteten Religionsgemeinschaft also – empfindet Mitleid mit dem Verletzen, versorgt

---

120 Vgl. Weder, Die Gleichnisse Jesu.
121 Ruben Zimmermann (Hg.), Kompendium der Gleichnisse Jesu, Gütersloh 2007, 25. Die Erläuterung einzelner Kriterien erfolgt in: Parabeln – sonst nichts! Gattungsbestimmung jenseits der Klassifikation in »Bildwort«, »Gleichnis«, »Parabel« und »Beispielerzählung«. In: Ders., Hermeneutik der Gleichnisse Jesu, Tübingen 2011, 409–419.

dessen Wunden und bringt ihn in eine Herberge (V. 33–34). Bevor der Samariter am nächsten Morgen weiterzieht, stellt er darüber hinaus die Versorgung des Verletzten bis zu seiner Rückkehr sicher, indem er den Wirt mit der Pflege beauftragt und ihn dafür im Voraus bezahlt (V. 35). Über das weitere Schicksal des Mannes wird kein weiteres Wort verloren, und so bleibt unklar, ob das Opfer im Folgenden überhaupt überlebt. Als sekundärer Zusatz gilt die abschließende Aufforderung Jesu an die Zuhörenden, ebenso zu handeln wie der Barmherzige Samariter (V. 37).

In der Auslegungsgeschichte dieses Gleichnisses wurden vereinzelt Versuche einer christologischen und heilsgeschichtlichen Deutung der Perikope unternommen, denen zufolge der Samariter sinnbildlich für Jesus stehe und die angekündigte Rückkehr des Samariters zur Herberge als Hinweis auf die Parusie und somit auf die endzeitliche Wiederkunft Christi aufzufassen sei.[122] Andere Ansätze, die ebenfalls Jesus mit dem Samariter identifizieren möchten, deuten darüber hinaus die Herberge als Bild für die Kirche sowie das Öl und den Wein, mit denen der Samariter die Wunden des Verletzten versorgt, als Hinweis auf die Sakramente[123]. Die Mehrheit der Exegeten sieht jedoch in der Frage »Wer ist dein Nächster?« den Fokus von Lk 10,30–35. Darüber hinaus wendet sich Jesus mit diesem Gleichnis gegen Vorurteile unter seiner Hörerschaft, da mit dem Samariter ausgerechnet ein Angehöriger einer gering geschätzten und gesellschaftlich ausgegrenzten religiösen Randgruppe als Vorbild für das eigene Handeln in den Mittelpunkt gerückt wird und mit seinem unerwarteten Mitgefühl sowie seiner hingebungsvollen Fürsorge für Erstaunen sorgt. Gemäß der streitbaren Botschaft Jesu machen also Überlegungen dazu, wer jeweils »der Nächste« sei, den es zu lieben gelte, in Gottes Reich nicht vor den unsichtbaren Grenzen halt, die gesellschaftliche Gruppierungen definieren.

Für die Thematisierung des Gleichnisses im Religionsunterricht kann die Frage nach moralisch gebotenem Handeln, Hilfsbereitschaft und konkreter christlicher Nächstenliebe sowie vertiefend dem Abbau eigener Vorurteile gegenüber gesellschaftlich ausgegrenzten Minderheiten als eigentlicher »Kern der Sache« bezeichnet werden. Die Tatsache, dass die im Gleichnis überlebensnotwendige Hilfeleistung nicht vonseiten derer kommt, von denen man es nicht zuletzt aufgrund ihres Berufsstandes am ehesten erwartet hätte, sondern ganz im Gegenteil von einem gesellschaftlichen Außenseiter, kann durchaus auch in einer Übertragung des Gleichnisses auf heutige Verhältnisse als anstößig emp-

---

122 Zur Auslegungsgeschichte vgl. etwa: Joachim Jeremias, Die Gleichnisse Jesu, Göttingen ¹¹1998.
123 Vgl. Heinz Schürmann, Das Lukasevangelium, vol. 2/1: Kommentar zu Kapitel 9,51–11,54. Herders theologischer Kommentar zum Neuen Testament 3, Freiburg 1994, 146.

funden werden. Zugleich ergeht ein Appell an die Lerngruppe, das Gleichnis in seiner ethischen und theologischen Dimension wahrzunehmen und vor diesem Hintergrund auch das eigene Denken und Handeln zu reflektieren. Die Form des Gleichnisses verhindert es dabei zugleich, dass der Unterricht in ein bloßes Moralisieren abgleitet.

4.3 Hilfsbereitschaft in Notsituationen: Elementare Erfahrungen

Rein äußerlich betrachtet scheint nicht damit zu rechnen zu sein, dass eine nahezu 2000 Jahre alte Gleichniserzählung einen Sitz im Leben der heutigen Kinder und Jugendlichen aufzuweisen vermag. Zwischen der neutestamentlichen und der gegenwärtigen Lebenswelt liegen buchstäblich tausende von Jahren sowie unzählige historische, technische und gesellschaftliche Entwicklungen. Um längere Wegstrecken zurückzulegen, begibt man sich heutzutage für gewöhnlich nicht mehr auf Wanderschaft. Selbst wenn das Berufsbild des Priesters noch geläufig ist, wird die Bezeichnung Levit den Kindern und Jugendlichen fremd erscheinen. Und um einen Verletzten gesund zu pflegen, bucht man für ihn kein Zimmer im nächstgelegenen Hotel, sondern stellt ärztliche Versorgung sicher. Doch lässt man diese Äußerlichkeiten beiseite, kann es als umso erstaunlicher und in gewisser Weise auch faszinierend empfunden werden, dass die Kernbotschaft von Lk 10,30–35 auch und gerade für heutige Kinder und Jugendliche ein hohes Maß an Aktualität besitzt. Die Frage nach dem adäquaten Umgang mit einer offenkundig hilfebedürftigen Person ist zeitlos und auch in der Lebenswelt der heutigen Kinder und Jugendlichen präsent. Welche Gefühle, Reaktionen und Verhaltensmuster werden ausgelöst, wenn man sich mit einer Situation konfrontiert sieht, in der ein anderer Mensch hilflos erscheint? Mit derartigen Erfahrungen ist zugleich auch stets eine Anfrage an das eigene Handeln, an dessen Möglichkeiten und Grenzen verbunden. Hinsichtlich der unzweifelhaft bestehenden Differenz zwischen der religiösen Erfahrungswelt in neutestamentlicher und heutiger Zeit ist festzuhalten, dass für Kinder und Jugendliche weder die das Gleichnis auslösende Frage, wer denn eigentlich jeweils der Nächste sei (V. 29), eine Rolle spielt noch die zugrundeliegende Motivation einer gottgefälligen Handlung aus Nächstenliebe, die im Gleichnis mit dem Streben nach der Erlangung ewigen Lebens in Einklang steht (V. 25 ff.). Vielmehr dürfte heutige Kinder und Jugendliche die Überlegung beschäftigen, inwieweit sie sich in einer bestimmten Situation zur Hilfeleistung bereit oder vielleicht sogar auch verpflichtet fühlen und welche Handlungsmöglichkeiten sich konkret bieten. Dabei wird als Motivation für hilfsbereites Handeln weniger die Gottgefälligkeit im Mittelpunkt stehen als vielmehr das Bestreben, sich ethisch und moralisch angemessen zu verhalten. Zudem sind sich Kinder und Jugendliche heute durchaus auch bewusst, dass sie die Optionen eigener Hilfeleistungen in gefährlichen Situationen abwägen müssen, um sich nicht selbst zu gefährden. Die Gewissenskonflikte, in die man unweigerlich geraten kann, sind auch im Unterricht aufzunehmen und sollten in der Unterrichtsvorbereitung bedacht werden.

Darüber hinaus gehören auch eigene Erfahrungen des Angewiesenseins auf die Hilfe anderer zur alltäglichen und lebensweltlichen Realität von Kindern und Jugendlichen. »Wann hätte ich Hilfe gebraucht?« »Von wem habe ich sie bekommen oder nicht bekommen?« So können erfahrungsbasierte oder mediale Beispiele geleisteter, selbst erfahrener oder auch unterlassener Hilfeleistung[124] dazu herangezogen werden, einen gelingenden Erfahrungsbezug im Religionsunterricht herauszuarbeiten.

4.4 Das Gleichnisverständnis von Kindern und Jugendlichen: Elementare Zugänge

Die im vorangehenden Abschnitt angesprochene Umstellung von der Frage nach gottgefälliger Nächstenliebe auf Formen des richtigen Handelns im Sinne von ethisch und moralisch angemessenen Verhaltensweisen verdeutlicht nicht nur einen möglichen Erfahrungsbezug des Gleichnisses vom Barmherzigen Samariter, sondern impliziert auch bereits die für heutige Kinder und Jugendliche bezeichnenden Zugangsweisen. Mit welchen Deutungen und Auslegungen ist im Unterricht zu rechnen? Ab wann können Gleichnisse im Religionsunterricht überhaupt sinnvoll behandelt werden? Welchen Aspekt fassen die Schülerinnen und Schüler als die zentrale Aussage der Gleichniserzählung in Lk 10 auf?

Wie eingangs bereits erwähnt existieren zahlreiche entwicklungspsychologische Studien, in denen die Voraussetzungen und Möglichkeiten des Gleichnisverständnisses bei Kindern und Jugendlichen basierend auf empirischen Befunden untersucht wurden. Nach Hermans[125] beginnen Kinder Gleichnisse zu verstehen, wenn sie selbstständig in der Lage sind, einen Transfer zwischen dem Geschehen der Gleichniserzählung und der Sachhälfte des Erzählkontexts zu leisten. In der 7. Klasse der Realschule gelang dies allerdings nur ungefähr 5 % der an der Studie beteiligten Schülerinnen und Schüler. Daraus kann mit Hermans auf bestimmte formal-operationale Denkvoraussetzungen geschlossen werden,

---

124 Vgl. den durch die Medien bekannt gewordenen gravierenden Vorfall unterlassener Hilfeleistung unter http://www.rp-online.de/nrw/panorama/rentner-in-bank-in-essen-nicht-geholfen-keiner-wollte-hilfe-leisten-aid-1.7089702 (abgerufen am 06.09.2018; vgl. auch 7. Evaluation).
125 Hermans, Wie werdet ihr die Gleichnisse verstehen?, zum Folgenden besonders 163–208.

die für das Verstehen von Gleichnissen unabdingbar sind. Nach Bucher[126] ist mit dem Stadium eines reflektierten Verständnisses der Gleichnisse nicht vor dem Beginn der Sekundarstufe I zu rechnen, da sich das Verständnis für die literarische Gattung der Gleichnisse zuallererst entwickeln müsse. Dies belegen nicht zuletzt verschiedene Antworten auf die Frage, was denn ein Gleichnis sei. Während ein siebenjähriges Mädchen unter einem Gleichnis »wenn etwas gleich ist« versteht, bedeutet ein Gleichnis für einen zehnjährigen Jungen »wenn man etwas gleich machen soll wie in der Geschichte«. Hingegen lautet die Bestimmung eines fünfunddreißigjährigen Mannes, ein Gleichnis sei eine »Erzählung [...], mit der man etwas Ungleiches, das Gottesreich, bildhaft darstellt, damit man es sich auch vorstellen kann.«[127]

Solche Antwortbeispiele belegen die offenbar bestehenden Unterschiede im Gleichnisverständnis der befragten Personen und führen zu der Erkenntnis, dass jeweils verschiedene Stadien des Gleichnisverständnisses vorliegen. Aus seinen empirischen Befunden leitet Bucher sodann drei Entwicklungsstadien des Gleichnisverständnisses ab, die demnach in einer invarianten Sequenz durchlaufen werden: Für Stadium 1 ist dabei eine wortwörtliche Auffassung der Parabel durch den Rezipienten kennzeichnend, der diese eher als eine einmalige, punktuelle und konkrete Geschichte denn als Gleichnis auffasst, wobei von ihr in der Regel angenommen wird, sie habe sich zu Jesu Lebzeiten zugetragen. Charakteristisch für das zweite Stadium ist die zumindest in Ansätzen beginnende Übertragung von der Bildhälfte auf die Sachhälfte (diese in der Exegese so nicht mehr übliche Unterscheidung wird hier noch vorausgesetzt) und die damit einhergehende primäre Rezeption der Reich-Gottes-Parabeln im Sinne noch konkret aufgefasster Beispielgeschichten. Das in Buchers Studie nicht vor dem zwölften Lebensjahr angetroffene Stadium 3 lässt eine durchweg gattungsgemäße Interpretation des Textes sowie die Wahrnehmung der Funktion literarischer Fiktionalität zutage treten, welche die inhaltliche Auslegung fortan entscheidend beeinflusst.

Für Bucher kann die Tiefenstruktur von Gleichnissen nur von Rezipienten im dritten Stadium erfasst werden. Daraus folgt, dass der Religionsunterricht in der Grundschule sich auf die Erschließung der Bildhälfte der Gleichnisse durch die Kinder beschränken müsse. Allerdings kann kritisch gefragt werden, ob Bucher damit nicht doch noch der älteren Gleichnisauslegung verhaftet bleibt (Bildhälfte einerseits, Sachhälfte andererseits). Eine stärker von der neueren

---

126 Bucher, Gleichnisse verstehen lernen, 66f.
127 Anton A. Bucher, Eine bloße Geschichte – Oder ein Gleichnis? Die Entwicklung des Gleichnisverständnisses als zentrale Komponente der Gleichnisdidaktik. In: Der Evangelische Erzieher 41 (1989), 429–439, hier 429.

Exegese im Sinne der Metapherntheorie ausgehende empirische Untersuchung steht jedenfalls noch aus.

Auch Pfeifer ist der Überzeugung, dass das Verstehen von Metaphern durch mehrere komplexe Faktoren bestimmt sei. Erst ab Jahrgangsstufe 4 kann demnach mit der Fähigkeit der Kinder gerechnet werden, Gleichnisse als solche zu verstehen.[128]

Für eine differenziertere Betrachtung muss jedoch betont werden, dass bei aller prinzipiellen Anerkennung der Entwicklungsstufen dennoch auch von unterschiedlichen Ausprägungen hinsichtlich des Übergangs vom konkret- zum formal-operationalen Denken in ein und derselben Altersgruppe auszugehen ist. Beispiele hierfür finden sich bei Dornes, demzufolge tatsächlich bereits 5-Jährige zumindest vereinzelt zu symbolischem Verstehen in der Lage sein können.[129] Auch Reuschlein geht davon aus, dass das Verstehen von Metaphern als kontinuierlicher Entwicklungsprozess anzusehen ist, der mitunter maßgeblich durch Einübung und Sozialisation beeinflusst wird.[130] In didaktischer Hinsicht stellt sich daher die Frage, ab welchem Lebensalter und welcher Klassenstufe die Förderung derartiger Verstehensmöglichkeiten sinnvoll erscheint. Zweifellos können entsprechende religionspädagogische Bemühungen bereits in der Grundschulzeit ihren Anfang nehmen. Entscheidend für den unterrichtlichen Erfolg ist hierbei sicherlich auch die Textauswahl. So dürfte im Blick auf das Gleichnis vom Barmherzigen Samariter grundsätzlich mit einem früheren Textverständnis als beispielsweise beim Gleichnis vom Reichen Kornbauer (Lk 12,16–21) zu rechnen sein.[131]

Um kognitive Engführungen kritisch zu hinterfragen, macht Halbfas darauf aufmerksam, dass der Versuch, Gleichnisse abstrakt zu erfassen, ihr Potenzial gerade zunichtemache. Vielmehr gelte es, auf sinnliche und spielerische Art und Weise an die metaphorischen Texte heranzuführen, um den Kindern die Fähigkeit des Sehens mit dem »dritten Auge« zu ermöglichen.[132] Diesen Ansatz verfolgt Schultes ästhetische Gleichnisdidaktik weiter, deren Ziel nicht mehr in der Erklärung und Entschlüsselung der Metaphern oder der Sozialgeschichte der Gleichnisse verankert ist, sondern vielmehr in der Wahrnehmung der Texte

---

128 Anke Pfeifer, Wie Kinder Metaphern verstehen. Semiotische Studien zur Rezeption biblischer Texte im Religionsunterricht der Grundschule, Münster 2002, 197 ff.
129 Vgl. Martin Dornes, Die emotionale Welt des Kindes, Frankfurt/M. 2000, 182.
130 Vgl. Nina Reuschlein, Biblische Metaphern und Grundschulkinder. Eine qualitativ empirische Studie zum Verständnis ausgewählter Ich-bin-Worte in Kinderbildern, Bamberg 2013.
131 Vgl. Roger Murphy, Does Children's Understanding of Parables Develop in Stages? In: Learning for Living 16 (1977), 168–172.
132 Vgl. Hubertus Halbfas, Religionsbuch für das dritte Schuljahr, Düsseldorf 1998, 100 f.

als Bildwelten, in welche die Rezipienten eintreten und sie gleichsam bewohnen können.[133] Im Sinne einer Interaktion zwischen Text und Leserin oder Leser betont sie die Notwendigkeit eines erfahrungsorientierten Ansatzes. Das Unterrichtsarrangement müsse die Schülerinnen und Schüler so in den Verlauf der Geschichte hineinzuziehen versuchen, »dass sie sich darin wiederfinden und sie durch die Beteiligung am Geschehen neu erleben«, wobei zu diesem Zweck insbesondere kreative Methoden hilfreich seien.[134] Bereits im Grundschulalter kann mit einem Gleichnisverständnis gerechnet werden, das »eine prinzipielle Offenheit – wenn auch nicht Beliebigkeit – bei der Deutung der Parabeln« miteinschließt. »Statt auf eine Sache oder – wie Jülicher – auf *ein* tertium comparationis zu reduzieren, können Deutungshorizonte eröffnet werden, bei denen Kinder auch ihre eigenständigen Entdeckungen einbringen dürfen.«[135] So ist in der Religionsdidaktik mitunter sogar vom Recht der Kinder die Rede, biblische Geschichten auch »falsch« (zumindest im Vergleich zu den Erkenntnissen der wissenschaftlichen Exegese) verstehen zu dürfen.[136] Gerade die metaphorische Sprache der Gleichnisse eröffnet einen erheblichen Interpretationsspielraum, der eine exegetische Festlegung der Kinder und Jugendlichen im Unterricht als unangemessen erscheinen ließe. In dieser Hinsicht ist die neuere Gleichnisauslegung religionsdidaktisch noch nicht ausgeschöpft.[137] Die didaktische Herausforderung besteht somit in der vorbehaltlosen Anerkennung der kindlichen Zugangs- und Verstehensweisen auf der einen und der Anbahnung neuer Entwicklungsschritte auf der anderen Seite.

In ihrer integrativen Gleichnisdidaktik sprechen sich Müller, Büttner, Heiligenthal und Thierfelder für die Verbindung eines exegetischen Auslegungsmodells mit dem Elementarisierungsmodell aus und verknüpfen dabei sowohl entwicklungspsychologische und erfahrungsorientierte Ansätze als auch religionspädagogische und exegetische Erkenntnisse. Demnach ist »Elementarisierung […] in der Gleichnisdidaktik als Schnittmenge exegetischer und religionspädagogischer Verstehensbemühungen« sowie als Prozess zu beschreiben,

---

133 Schulte, Gleichnisse erleben, 193–232.
134 Ebd., 198 ff.
135 Ruben Zimmermann, Gleichnisse/Parabeln Jesu. In: Ders./Mirjam Zimmermann (Hg.), Handbuch Bibeldidaktik, Tübingen 2013, 196–201, hier 199.
136 Vgl. Klaus Wegenast/Philipp Wegenast, Biblische Geschichten dürfen auch »unrichtig« verstanden werden. Zum Erzählen und Verstehen neutestamentlicher Erzählungen. In: Desmond Bell u. a. (Hg.), Menschen suchen – Zugänge finden. Auf dem Weg zu einem religionspädagogisch verantworteten Umgang mit der Bibel. Festschrift für Christine Reents, Wuppertal 1999, 246–263.
137 Vgl. Friedrich Schweitzer, Gott und die Welt neu sehen lernen. Schwierigkeiten und Wege religionspädagogischen Redens von Gott in Gleichnissen. In: entwurf 3/2018, 12–15.

»der die textbezogenen und auf die Schülerinnen und Schüler bezogenen Elementarisierungsbereiche zueinander in Beziehung setzt und [...] für den Religionsunterricht fruchtbar zu machen versucht.«[138]

Über die allgemeinen Überlegungen zu den Voraussetzungen und Möglichkeiten des Gleichnisverstehens bei Kindern und Jugendlichen hinaus stellt sich nun im Blick auf das Gleichnis vom Barmherzigen Samariter die Frage, welchen Aspekt die Schülerinnen und Schüler als die zentrale Aussage des Textes auffassen, mit welchen Augen sie also den Text betrachten. Es ist davon auszugehen, dass als Intention des Gleichnisses, wenn nicht ein Appell zur tätigen christlichen Nächstenliebe, so doch eine Aufforderung zu hilfsbereitem Handeln herausgelesen wird. Gerade für Kinder vom Grundschulalter bis zur Sekundarstufe I gewinnt das Gefühl an Bedeutung, durch das eigene Tun und Handeln etwas (Positives) bewirken zu können. Zunehmend wird in dieser Zeit ein Bewusstsein dafür entwickelt, dass eigene Taten und gegebenenfalls auch unterlassene Handlungen Folgen haben und Konsequenzen nach sich ziehen können. Der einflussreiche Psychoanalytiker Erikson beschreibt in diesem Kontext ein Spannungsfeld zwischen »Werksinn« und »Minderwertigkeitsgefühl«, in dem sich die Entwicklung im Schulalter vollzieht. Eben dieser »Werksinn« als das Gefühl, »auch nützlich zu sein, etwas machen zu können und es sogar gut und vollkommen zu machen«[139], dürfte bei Kindern und Jugendlichen durch die Beschäftigung und Auseinandersetzung mit dem Gleichnis vom Barmherzigen Samariter in besonderer Weise angesprochen werden. In entwicklungspsychologischer Hinsicht erscheint es in diesem Zusammenhang sodann auch naheliegend, nach den Motiven für tätige Nächstenliebe und aktive Hilfsbereitschaft zu fragen. Geschieht hilfsbereites Handeln etwa aus der Befürchtung heraus, andernfalls für unterlassene Hilfeleistung belangt zu werden? Aus Pflicht- und Regelbewusstsein? Oder etwa aufgrund der eigenen und inneren Überzeugung, dass etwas schlichtweg getan werden muss, weil es angemessen, gut und richtig erscheint? Inwiefern und mit welcher Begründung wird darüber hinaus das Unterlassen von Hilfeleistung als kritikwürdig oder gar verwerflich angesehen? Zudem ist zu fragen, ob es manchmal auch angemessen sein kann, nicht zu helfen, um sich, seine Familie oder andere nicht einer noch größeren Gefahr auszusetzen.

Hinsichtlich dieser Fragen nach der zugrundeliegenden Handlungsmotivation, bei denen es letzten Endes um die handlungsleitenden Werte und Normen

---

138 Peter Müller/Gerhard Büttner/Roman Heiligenthal/Jörg Thierfelder, Die Gleichnisse Jesu. Ein Studien- und Arbeitsbuch für den Unterricht, Stuttgart ²2008, 78 f.
139 Erik H. Erikson, Identität und Lebenszyklus. Drei Aufsätze, Frankfurt 1974, 102.

geht, erweist sich das Modell der Entwicklung des moralischen Urteils nach Lawrence Kohlberg[140] als hilfreich. Um die unterschiedlichen Begründungen moralischer Normen anschaulich zu machen, geht die Kohlbergsche Theorie von einer Stufenfolge aus, die von der Frage nach den gesellschaftlichen Normen her nachzuvollziehen ist:

> »Wenn gesellschaftliche Normen als nicht weiter begründungsbedürftig angesehen, d. h. wenn sie als vorgegeben akzeptiert werden (Stufen 3 und 4), spricht Kohlberg von einer *konventionellen* Moral. Sind dagegen individuelle Motive wie der eigene Vorteil oder die Vermeidung von Strafe leitend (Stufe 1 und 2), handelt es sich um eine *präkonventionelle* Moral, weil der gesellschaftliche Charakter von Normen noch gar nicht in den Blick kommt. Die *postkonventionelle* Moral dagegen bedeutet für Kohlberg, dass gesellschaftliche Normen als begründungsbedürftig angesehen werden. Sie gelten dann nur, wenn alle Individuen ihnen zustimmen und wenn sie als verallgemeinerbare Prinzipien – etwa im Sinne von Kants kategorischem Imperativ – anzusehen sind (Stufen 5 und 6).«[141]

Für das didaktische Vorgehen im Religionsunterricht gilt es sodann, die bei den Schülerinnen und Schülern vorhandenen Stufen in der Unterrichtsvorbereitung zu berücksichtigen, Gründe und Motive für erbrachte oder unterlassene Hilfeleistung zu reflektieren sowie neue Denkweisen anzubahnen.

4.5 Wie möchte ich handeln – wer möchte ich sein? Elementare Wahrheiten

Biblische Geschichten erschöpfen sich nicht in der Beschreibung objektiver Tatsachen oder historischer Ereignisse. Viel mehr als um die Frage nach konkreten geschichtlichen Fakten geht es darum, eine Wahrnehmung von Mensch und Wirklichkeit zu eröffnen, wie sie nur die Perspektive des Glaubens und die Orientierung am Evangelium möglich machen. So erfolgt beim Hören und Lesen biblischer Texte die Einladung, sich durch diese neue Sichtweise des Evangeliums in althergebrachten und festgefahrenen Denkmustern zu hinterfragen und neue Formen des Wahrheitsverständnisses zuzulassen. Dabei zeichnet sich das christliche Wahrheitsverständnis gerade nicht durch Überprüfbarkeit im naturwissenschaftlichen Sinne oder allgemein messbare Tatsachen aus, »son-

---

140 Vgl. Lawrence Kohlberg, Die Psychologie der Moralentwicklung, Frankfurt/M. 1995.
141 Friedrich Schweitzer, Lebensgeschichte und Religion. Religiöse Entwicklung und Erziehung im Kindes- und Jugendalter, Gütersloh ⁸2016, 112–120, 114.

dern durch seine Eigenart als existenzielle und auf Gott bezogene Wahrheit, die als solche nicht objektiv feststellbar ist«[142].

Auch und gerade beim Gleichnis vom Barmherzigen Samariter geht es nicht um Fragen der Historizität. Von vorneherein wird deutlich, dass Jesus dieses Gleichnis als eine Beispielgeschichte erzählt, um der Hörer- und Leserschaft damals und heute vor Augen zu führen, auf welche Weise christliche Nächstenliebe in Gottes neuer Welt Gestalt annehmen kann. Allerdings kann gefragt werden, ob diese Erzählung denn tatsächlich von Jesus selbst stammt und wenn ja, in welchem exakten historischen Setting sie zuerst erzählt wurde. Doch damit wäre für die Schülerinnen und Schüler der 5. und 6. Klasse nichts gewonnen. Worauf es letztlich ankommt, sind gänzlich andere Fragen, die sich auch durchaus noch einmal von den exegetischen Befunden unterscheiden: Kann ich und will ich mit offenen Augen und mitfühlendem Herzen für andere durchs Leben gehen? Nicht wegschauen, sondern aufmerksam dafür sein, wenn jemand meine Hilfe braucht – auf die ich umgekehrt auch selbst in einer Notsituation hoffen möchte? Kann ich es schaffen, mich von Vorurteilen gegenüber gesellschaftlich ausgegrenzten Personengruppen zu befreien? Wie möchte ich ihnen begegnen und über sie denken? Inwiefern bestimmen mein Denken und Handeln vielleicht sogar darüber, wer ich bin, wer ich sein möchte und sein kann? Was kann ich mit meinem eigenständigen Denken und selbstverantworteten Handeln ausrichten und bewirken? Wie möchte ich handeln – wer möchte ich sein?

Der Religionsunterricht bietet den Kindern und Jugendlichen einen Raum, sich solche Fragen bewusst vor Augen zu führen und darüber zu reflektieren. Dass dies ein offener Prozess ist und sein muss, der sich im Laufe der gesamten Schulzeit und auch darüber hinaus abspielt und in der Sekundarstufe I lediglich angebahnt werden kann, steht dabei außer Frage. Zu beachten bleibt durchweg, dass die Schülerinnen und Schüler dabei nicht bei einem bloß moralisierenden Verständnis des Gleichnisses oder des christlichen Glaubens insgesamt stehen bleiben.

4.6 Narration, Metaphorizität, Vorstellungskraft und Kreativität: Elementare Lernformen

Bei der Arbeit mit biblischen Texten im Religionsunterricht ist gleich zu Beginn der konkreten Unterrichtsplanung die ganz grundsätzliche didaktische Ent-

---

142 Friedrich Schweitzer, Elementarisierung – ein religionsdidaktischer Ansatz. In: Ders. u. a., Elementarisierung im Religionsunterricht. Erfahrungen, Perspektiven, Beispiele, Neukirchen-Vluyn ⁴2013, 9–30, hier 27.

scheidung der Herangehensweise an den Text zu treffen. So ist beispielsweise zu überlegen, ob er möglichst originalgetreu direkt aus der Bibel gelesen oder als gegebenenfalls vereinfachte Vorlage in Augenschein genommen werden soll. Da es sich bei der Gattung der Gleichnisse um Erzähltexte handelt, liegt eine narrative didaktische Erschließung unter Einbezug der Hinweise aus der Erzähldidaktik[143] besonders nahe, die der Metaphorizität der Gleichnisrede entsprechend durch den Einsatz von Bildern und anderen Wegen der Visualisierung ergänzt werden kann. An das Erzählen an sich können sich sodann Formen des Weiter- und Umerzählens anschließen, indem die Schülerinnen und Schüler beispielsweise selbst neue Gleichnisse erfinden und aufschreiben. Als eine Möglichkeit der kreativen Vertiefung wäre beim Gleichnis vom Barmherzigen Samariter etwa an eine fiktive Übertragung des Gleichnisses auf die heutige Zeit und den (Schul-)Alltag sowie an die Darstellung der erarbeiteten Versionen als szenisches Spiel, Standbilder o. Ä. zu denken.

Da beim Gleichnis vom Barmherzigen Samariter die einzelnen beteiligten Akteure in ihrer Eigenschaft als Angehörige einer bestimmten Personengruppe eine besondere Rolle spielen und damit verbunden implizite Erwartungen an ihre jeweiligen Verhaltensweisen bestehen, kann darüber hinaus der methodische Einsatz des Bibliodramas oder des Bibliologs dabei hilfreich sein, einen Perspektivwechsel zu vollziehen, die jeweiligen Motive des (Nicht-)Handelns zu beleuchten und so einen »Raum für ein Erleben«[144] der Schülerinnen und Schüler sowie die Möglichkeit zur individuellen Interpretation des Gleichnisses zu eröffnen.

Für die Erschließung der theologischen und ethischen Dimension des Gleichnistextes ist schließlich besonders die Möglichkeit des theologischen Gesprächs mit den Schülerinnen und Schülern zu betonen, auf dessen Potenzial für den Religionsunterricht insbesondere die Kindertheologie verweist. Das experimentelle theologische Gespräch kommt der Anbahnung eines Verständnisses der metaphorischen Gleichnisrede entgegen. Sowohl in seinem Verlauf als auch in seinem Ausgang bleibt es offen für die theologischen und ethischen Deutungs- und Verstehensweisen der Schülerinnen und Schüler, die auf diese Weise zu einer eigenständigen Auslegung des Gleichnisses vom Barmherzigen Samariter angeregt werden können.

---

143 Vgl. Mirjam Zimmermann, Erzählen. In: Dies./Ruben Zimmermann, Handbuch Bibeldidaktik, 475–482.
144 Schulte, Gleichnisse erleben, 203.

4.7 Wurden die Ziele erreicht? Evaluation

Folgende Aufgaben lassen erkennen, ob die Unterrichtsziele erreicht wurden:

1. Was meint ihr, warum erzählt Jesus das Gleichnis vom Barmherzigen Samariter?
Fasst in einem kurzen Text zusammen (oder alternativ: stellt in einem Bild dar), was euch an diesem Gleichnis besonders wichtig erscheint.

2. Anhand einer aktuellen Anforderungssituation zu unterlassener Hilfeleistung:[145]
Wie unterscheidet sich das Handeln der Personen in der geschilderten Geschichte vom Verhalten des Barmherzigen Samariters im Gleichnis? Arbeitet heraus, welches Handeln sich Jesus in diesem Fall wohl von den beteiligten Personen gewünscht hätte.

3. a) Vervollständige den Satz: »Wenn jemand meine Hilfe braucht, ...«
Entwerft Plakate zum – mit den Augen Gottes gesehen – richtigen Umgang miteinander in Notsituationen an eurer Schule.
b) Wie würde sich eure Schule verändern, wie eure Familie oder euer Freundeskreis, wenn sich jede/r daran orientieren würde? Schreibt ein eigenes Gleichnis über den mit Gottes Augen gesehenen Alltag.

5. Reformation als Mythos? – Historisch-kritische Erkenntnisse und die Anforderungen unterrichtlicher Elementarisierung (Klasse 8)

5.1 Ausgangspunkte – Orientierungen

Für das evangelische Selbstverständnis und deshalb auch für den evangelischen Religionsunterricht spielt das Thema Reformation naturgemäß eine hervorgehobene Rolle. Die Reformation ist das identitätsstiftende Ereignis, auf das sich die evangelische Tradition bis heute beruft. Dabei verweist bereits der Begriff des Ereignisses auf grundlegende Klärungsaufgaben, da sich die Refor-

---

145 Vgl. den bereits erwähnten und durch die Medien bekannt gewordenen gravierenden Vorfall unterlassener Hilfeleistung unter: http://www.rp-online.de/nrw/panorama/rentner-in-bank-in-essen-nicht-geholfen-keiner-wollte-hilfe-leisten-aid-1.7089702 (abgerufen am 06.09.2018).

mation historisch weniger als ein isoliertes Geschehen denn vielmehr als ein Prozess oder eine Epoche verstehen lässt. Schon dies zeigt an, wie hier identitätsstiftende Wahrheitsansprüche mit der historischen Erschließung verbunden sind. Einzelne Ereignisse und Einzelpersonen bieten sich viel eher zur Identifikation an als komplexe historische Zusammenhänge.

Die Bildungspläne ordnen das Thema Reformation mit einem Schwerpunkt der Klassenstufe 8 zu. Der Bezug auf die für die meisten evangelischen Jugendlichen in diese Zeit fallende Konfirmation als intensive Begegnung mit der evangelischen Kirche bleibt dabei implizit und wird nicht ausdrücklich genannt. Erkennbar zielen die Bildungspläne jedoch nicht auf eine Erschließung der Reformationsthematik in einem rein historischen Sinne, sondern verweisen auf einen Zusammenhang mit der Gegenwart. Dabei wird zum einen an die evangelische Kirche gedacht und zum anderen an Fragen der individuellen Lebensführung und Lebensgestaltung im Sinne des Protestantismus.

Trotz der zentralen Bedeutung der Reformationsthematik für den evangelischen Religionsunterricht fehlt es bislang weithin an empirischen Untersuchungen zum entsprechenden Unterricht. Im Sinne der Unterrichtsforschung ist lediglich auf einzelne explorative Befunde aus dem Zusammenhang konfessionell-kooperativen Religionsunterrichts zu verweisen. Etwas besser steht es um empirische Befunde zum Geschichtsunterricht sowie zur Entwicklung des geschichtlichen Denkens allgemein bzw. entsprechender Kompetenzen, die deshalb im Folgenden berücksichtigt werden sollen.

5.2 Reformation – nur noch ein Mythos? Elementare Strukturen

Als Annäherung an die in diesem Falle strittigen Deutungen der Reformation kann eine im Vorfeld des Reformationsjubiläums entstandene Darstellung von Benjamin Hasselhorn von der Stiftung Luthergedenkstätten in Sachsen-Anhalt dienen, die der »Lutherdeutung zwischen Mythos und Wissenschaft« gewidmet ist.[146] Als Mythos werden dabei vor allem die auf Luthers Biografie bezogenen Geschichten verstanden, wie sie gerade auch im Religionsunterricht gerne eingesetzt werden: das Turm-Erlebnis, der Thesenanschlag in Wittenberg und Luther auf dem Reichstag in Worms. In allen drei Fällen neigt die historische Forschung heute zu grundlegenden Anfragen hinsichtlich der Historizität dieser Ereignisse. Besonders der berühmte Satz: »Ich kann nicht anders, hier stehe ich.

---

146 Benjamin Hasselhorn, Reflektiertes Erzählen. Lutherdeutung zwischen Mythos und Wissenschaft. In: Ders. (Hg.), Luther vermitteln. Reformationsgeschichte zwischen Historisierung und Aktualisierung, Leipzig 2016, 15–33.

Gott helfe mir. Amen.« sei von Luther nie gesagt worden. Ähnlich wird auch der Thesenanschlag stark infrage gestellt. Es sei eher unwahrscheinlich, dass er je stattgefunden habe. Hinter der kritischen Revision solcher zum Mythos gewordener Erlebnisse und Ereignisse, auf die auch Hasselhorn verweist, steht die weiterreichende Frage nach dem Verständnis der Reformation insgesamt. Dabei geht es um kontroverse Gesamteinschätzungen, insbesondere in welchem Sinne die Reformation wirklich etwas Neues gebracht habe.

Als Exponenten dieser mitunter sehr kontroversen Auseinandersetzung gelten in Deutschland Thomas Kaufmann auf der einen und Volker Leppin auf der anderen Seite.[147] Dominiert bei Kaufmann die Tendenz, die Eigenbedeutung besonders der reformatorischen Anfangsjahre im Sinne einer Keimzelle der evangelischen Tradition festzuhalten, so betont Leppin die starke Kontinuität zur spätmittelalterlichen Frömmigkeit, wie sie Luther bei seinem Beichtvater Johann von Staupitz begegnete. Insofern ist dann nur noch sehr eingeschränkt von einer »Neuentdeckung« zu sprechen. Bei dieser Kontroverse geht es, wie gesagt, nicht bloß um einzelne Ereignisse und auch nicht nur um den Einfluss einzelner Personen. Vielmehr steht hier auch die Einschätzung auf dem Spiel, wie die in der gesamten Tradition vielfach als Herzstück der Reformation angesehene Rechtfertigungslehre in dieser Hinsicht einzuschätzen sei: Ist sie die von Anfang an – auf die Suche nach dem gnädigen Gott des jungen Luther bezogene – ureigene reformatorische *Entdeckung* oder muss auch sie in der *Kontinuität der historischen Entwicklung* im Spätmittelalter gelesen werden, wodurch die Bedeutung der sogenannten reformatorischen Schlüsselszenen und auch der einzelnen Reformatoren natürlich stark relativiert wird?

Was das im Einzelnen bedeutet, kann hier nur exemplarisch veranschaulicht werden. Zwei programmatische Texte von Kaufmann und Leppin, die ihren späteren monografischen Darstellungen gleichsam präludieren, lassen die unterschiedlichen, sich aber doch auch überlappenden Positionen gut erkennen.[148] Der größte Unterschied liegt zunächst in der Frage, ob die Reformation tatsächlich als »Umbruch« zu deuten sei.

---

147 Vgl. etwa: Thomas Kaufmann, Der Anfang der Reformation. Studien zur Kontextualität der Theologie, Publizistik und Inszenierung Luthers und der reformatorischen Bewegung, Tübingen 2012, bes. 1–27 (»Kontextuelle Reformation – eine historiographische Standortbestimmung«); Volker Leppin, Transformationen. Studien zu den Wandlungsprozessen in Theologie und Frömmigkeit zwischen Spätmittelalter und Reformation, Tübingen 2015, bes. 17–29 (»Religiöse Transformation im alten Europa. Zum historischen Ort der Reformation«); als Monografien: Volker Leppin, Die fremde Reformation. Luthers mystische Wurzeln, München 2016; Thomas Kaufmann, Erlöste und Verdammte. Eine Geschichte der Reformation, München 2016.
148 Vgl. die Literaturhinweise in Anm. 147.

Für Kaufmann ist bezeichnend, dass er trotz aller berechtigter Kontextualisierungen der Reformation, die auch zu einer entsprechenden Pluralbildung (»Reformationen«) führen kann, an der Reformation im Singular festhalten will:

> »Die eine Reformation gibt es demnach sofern und weil sich zwischen den einzelnen städtischen, territorialen, nationalen und milieu- bzw. richtungstheologischen Reformationsprozessen höchst unterschiedliche und komplexe Interaktionen abspielten bzw. nachweisen lassen, die ›die‹ Reformation ausmachten bzw. ihr den Weg bahnten«.[149]

Zugleich wehrt sich auch Kaufmann gegen den Versuch, die Rechtfertigungslehre selbstverständlich als Kern der Reformation zu sehen.[150] Eine differenziertere Betrachtung der spätmittelalterlichen Religionskultur eröffne »Perspektiven auf die kontextuelle Vielfalt der frühreformatorischen Religionskultur, die sich nicht ohne Weiteres auf den ›Nenner‹ einer rechtfertigungstheologisch fokussierten Lutherinterpretation bringen« lasse.[151] Dennoch kann Kaufmann in der Rechtfertigungslehre am Ende doch, unter Berücksichtigung prozessualer und kommunikativer Aspekte, »eine, ja vielleicht die zentrale Botschaft in, mit und unter den kontextuellen Aneignungen der frühen Reformation« sehen.[152] Entsprechend verbindet Kaufmann die Reformation auch mit dem Bild des »Umbruchs«[153].

Gegen diese Vorstellung vom »Umbruchcharakter« der Reformation wendet sich Leppin, der lieber von einer »Transformation« sprechen möchte.[154] Historische Entwicklungen seien zunächst einmal immer für »mehrere Ausgänge offen«.[155] Wenn man sie nicht einfach von ihrem Ende her deutet, was historisch nicht als legitim gelten kann, lassen sie sich eher als allmähliche »Transformationen« verstehen. In diesem Sinne waren bereits vor der Reformation »Impulse« vorhanden, »die auf sie hinführen, in ihr dann aber in einer Weise neu kombiniert werden, welche insgesamt ein neues, zuvor nicht gegebenes Phänomen begründet«.[156] Leppin geht es also um die »Möglichkeit, das Neue vom Alten her zu denken statt umgekehrt«[157]. Später hat er dies mit dem Fokus auf

---

149 Kaufmann, Der Anfang, 3.
150 Vgl. ebd., 5.
151 Ebd., 17f.
152 Ebd., 22.
153 Ebd., 24.
154 Leppin, Transformationen, 19.
155 Ebd., 21.
156 Ebd., 23.
157 Ebd.

der »fremden Reformation« im Blick auf die Einflüsse der Mystik auf Luther im Detail ausgeführt, nicht zuletzt auch hinsichtlich des Verständnisses von Rechtfertigung, die sich historisch nicht einfach als eine Neuentdeckung Luthers verstehen lasse.

Trotz der manchmal als unversöhnliche Polarität wahrgenommenen Unterschiede zwischen den von Kaufmann und Leppin vertretenen Positionen – »Umbruch« oder »Transformation«? – sind aber doch auch die deutlichen Gemeinsamkeiten ihrer Reformationsdeutungen nicht zu übersehen: In beiden Fällen geht es um eine entschiedene Kontextualisierung im Verständnis von Reformation und damit um eine Deutung, die den traditionell allein als entscheidend dargestellten Neueinsatz in ein verändertes, historisch ausgeglichenes Verhältnis zur historischen Kontinuität mit bestimmten vorreformatorischen Entwicklungen bringt. Zudem wird von beiden ganz allgemein der Einfluss nicht-theologischer Faktoren etwa von Politik und Kultur auf die Theologie akzentuiert. Theologische Entwicklungen auch in der Reformationszeit sind so gesehen nicht isoliert von solchen Faktoren zu begreifen.

Die gleichwohl strittigen Deutungen – »Umbruch« oder »Transformation«? – betreffen dabei keineswegs allein die mythologischen Vorstellungen von Wartburg, Wittenberg und Worms, sondern eben auch die für das Reformationsverständnis insgesamt zentralen theologischen Auffassungen, insbesondere die Rechtfertigungslehre. Denn auch diese Lehren können bei einer auf Kontext und Kontinuität eingestellten Deutung nicht länger als Luthers geniale Entdeckung oder als von Anfang an feststehendes Proprium der Reformation angesehen werden, so wie dies wohl gerade auch im Religionsunterricht gerne dargestellt wurde und wird.

An dieser Stelle ist es wichtig, sich klarzumachen, dass die Bedeutung der reformatorischen Lehren und insbesondere der Rechtfertigungslehre nicht einfach in ihrem – strittigen – historischen Entdeckungszusammenhang aufgeht. Entscheidend für deren heutige Überzeugungskraft ist nicht, ob Luther eine geniale Neu- oder Wiederentdeckung vollzogen hat, sondern *wie* Rechtfertigung der Sache nach zu verstehen ist. Die theologische Entfaltung der Rechtfertigungslehre etwa in der Systematischen Theologie bezieht sich nicht auf einen wie auch immer heldenhaften Erfinder, sondern auf die im Glauben und durch den Glauben geschehende Neubestimmung des Menschen als Rechtfertigung des Sünders. Die damit verbundene Befreiung von allen den Menschen überlastenden Leistungsanforderungen im Verhältnis zu Gott ist und bleibt die frohe Botschaft, die für das Verständnis der evangelischen Tradition maßgeblich ist. Darin liegt auch der entscheidende Grund, warum die Reformation und die reformatorische Theologie im Unterricht aufgenommen werden sollen. Der historische

Forschungsstand ist jedoch insofern auch für den Religionsunterricht ernst zu nehmen, als auch hier keine exklusiven evangelischen Ansprüche erhoben und entsprechend auf holzschnittartige Profilierungen vor allem gegenüber der katholischen Tradition verzichtet werden sollte. Je mehr die Kontextualität der Reformation in den Fokus rückt, desto stärker wird auch der Zusammenhang zwischen katholischen und evangelischen Entwicklungen sichtbar und erweist sich die Reformation als ein Geschehen im Christentum insgesamt, nicht nur in einer Konfession oder als deren Begründung.

Mit diesen auf die elementaren Strukturen des Themas bezogenen Beobachtungen ist die Sachklärung jedoch keineswegs abgeschlossen. Das ergibt sich nicht zuletzt aus den nun aufzunehmenden Wahrheitsfragen.

5.3 Mythos, Wissenschaft und Bildung: Zur Spannung zwischen elementaren Strukturen und Wahrheiten

Die eingangs mit der Darstellung von Hasselhorn aufgenommene Spannung betrifft die Pole von »Mythos« und »Wissenschaft« und damit das Verhältnis zwischen identitätsstiftender evangelischer Konstruktion eines Geschichtsbildes und dessen Infragestellung aus historisch-kritischer Sicht. Der pädagogisch entscheidende dritte Pol – Bildung – wird in dieser Diskussion hingegen noch nicht genannt. Doch ist leicht zu erkennen, dass sich in der Spannung zwischen Mythos und Wissenschaft auch eine für Bildung und Unterricht zentrale Herausforderung auftut, die nicht zuletzt den Religionsunterricht betrifft. Der Mythos lädt ein zum Erleben und Nacherleben, zur persönlichen Stellungnahme und letztlich zur Identifikation. Der »aufrechte« Protestant, als der Luther dabei erscheint, ist ein Ideal von großer Anziehungskraft, das ganze Generationen geprägt hat, zumal Luthers Berufung auf das Gewissen auch weithin auf Kultur und Gesellschaft ausgestrahlt hat. Aber kann und darf der Religionsunterricht einfach Mythen transportieren? Darf schulischer Unterricht nur scheinbar historische Ereignisse tradieren, deren Glaubwürdigkeit wissenschaftlich längst fraglich geworden und dekonstruiert ist? Würde der Religionsunterricht damit nicht seinen Anspruch als Fach in einer der wissenschaftlichen Wahrheitssuche verpflichteten Schule verwirken?

Doch welche Bildungsbedeutung kann es haben, Kindern und Jugendlichen beizubringen, auf der Wartburg sei nichts passiert, Thesen seien in Wittenberg keine angeschlagen worden, und in Worms seien die so berühmten Worte nie gefallen? Für Schülerinnen und Schüler in der gymnasialen Oberstufe mag es vielleicht sogar faszinierend sein, sich reflexiv und kritisch mit dem Prozess historischer Deutungen und Umdeutungen zu befassen – für Jugendliche in

Klasse 8, um die es in diesem Kapitel geht, dürfte dies weit weniger der Fall sein. Mit den geschichtlichen »Tatsachen« geht für sie wohl vielfach auch der Sinn der entsprechenden Geschichten verloren. Ein Vorbild, das nie so war, wie es ihm später angedichtet wurde, wird sie nicht überzeugen. Von einer Begegnung mit einem historisch dekonstruierten und damit aus Sicht der Jugendlichen verfälschten Luther sind auch kaum existenziell bedeutsame Impulse oder Gewissheitserfahrungen zu erwarten, es sei denn die, dass man am Ende eben niemandem trauen oder glauben dürfe, auch nicht der Kirche oder Theologie.

Für den Unterricht in Klasse 8 führen diese Überlegungen vor eine aporetische Alternative: Soll man – trotz allem – weiter so unterrichten, wie es traditionell üblich war, eben weil sich Luther und die Reformation für jüngere Jugendliche nur so erschließen lassen? Schon aus Gründen der Redlichkeit wäre dies kaum zu empfehlen. Aber auch die andere Möglichkeit – der Verzicht auf biografische Bezüge – führt nicht weiter. Gerade für Jugendliche erschließt sich die Reformation nicht einfach sachlich-neutral. Von der wissenschaftlich spannenden Dynamik »Umbruch« *oder* »Transformation« werden sich Jugendliche kaum fesseln lassen. Die für sie lebensbedeutsamen Erfahrungszusammenhänge haben ganz andere Schwerpunkte als die wissenschaftliche Forschung.

5.4 Reformation nur fern und fremd? Elementare Erfahrungen

Die Reformation als solche hat kaum einen Sitz im Leben heutiger Jugendlicher. Für die meisten von ihnen spielt weder der herkömmliche Reformationstag eine hervorgehobene Rolle noch der Versuch, die sich in Deutschland zunehmend verbreitende Halloween-Seligkeit durch sich auf Luther berufende Gegenaktionen (»Reformationsnacht« mit »Luther-Bonbons«) infrage zu stellen. Auch der Zusammenhang zwischen Reformation und der eigenen Konfirmation dürfte den meisten Jugendlichen nicht vor Augen stehen, zumal das Thema Reformation in der Konfirmandenarbeit keine hervorgehobene Stellung einnimmt und dort in der Regel auch nicht ausführlicher behandelt wird. Der Straßburger Reformator Martin Bucer als Vater der Konfirmation dürfte dabei nicht einmal genannt werden. Dennoch liegt in dem während der Konfirmandenzeit vergleichsweise engen Kontakt zur Kirche ein möglicher Erfahrungsbezug, der sich didaktisch ausarbeiten ließe.[158] Dabei ist freilich zu beachten, dass die meisten Jugendlichen, den empirischen Untersuchungen zur Konfirmanden-

---

158 Empirische Befunde zur Konfirmandenarbeit finden sich bei Friedrich Schweitzer u. a., Konfirmandenarbeit im Wandel – Neue Herausforderungen und Chancen. Perspektiven aus der zweiten bundesweiten Studie, Gütersloh 2015.

arbeit zufolge, zwar ein sehr positives Bild von der Kirche haben, ihre eigene Kirchenzugehörigkeit aber mehrheitlich nicht so wichtig finden.[159] Soweit in den Bildungsplänen der Zusammenhang zwischen der Reformation und der evangelischen Kirche heute hervorgehoben wird, müssen für die Jugendlichen möglicherweise für sie selbst bedeutsame Erfahrungen zuerst herausgearbeitet werden. Eine positive Identifikation mit Kirche ist jedenfalls weithin nicht vorauszusetzen, was im Unterricht unbedingt zu beachten ist.

Des Weiteren ist an die Differenz zwischen der religiösen Erfahrungswelt im Spätmittelalter und den Erfahrungen heutiger Jugendlicher zu erinnern. Die Frage nach dem gnädigen Gott spielt im 21. Jahrhundert in aller Regel keine entscheidende Rolle mehr, insbesondere nicht für Jugendliche. In einer lebensbedeutsamen Weise lässt sich die Rechtfertigungslehre deshalb nur erschließen, wenn die für die heutigen Jugendlichen entscheidenden Fragen nach Identität und Sinn, nach Selbstwert, Leistung und Anerkennung als Resonanzraum der Rechtfertigung aufgenommen werden.[160] Gerade im Jugendalter werden die gesellschaftlichen Leistungserwartungen immer spürbarer, im Blick auf die schulische Leistungsbewertung, zu erreichende Schulabschlüsse und berufliche Karrieren. Zugleich erwachsen auch aus der Bedeutung der Gleichaltrigen für die adoleszente Identitätsbildung hervorgehobene Wünsche nach Anerkanntsein und Zugehörigkeit, die jeweils von einem erst zu erreichenden Status in der Peergroup abhängig bleiben. Anhand solcher Erfahrungsbezüge kann auch Jugendlichen aufgehen, dass die Rechtfertigungsthematik keineswegs nur ferne und fremde Fragen aus dem Mittelalter betrifft.

Nur unter der Voraussetzung eines gelingenden Erfahrungsbezugs kann die Rechtfertigungsbotschaft in ihrem reformatorischen Verständnis auch in der Gegenwart befreiende Kraft entfalten. Der Identifikation elementarer Erfahrungen kommt deshalb gerade auch bei einem historisch-theologischen Thema für den Unterricht entscheidende Bedeutung zu.

5.5 Wie Schülerinnen und Schüler reformatorisch-theologische Themen (nicht) wahrnehmen: Elementare Zugänge

Die im vorangehenden Abschnitt angesprochene Umstellung von der Frage nach dem gnädigen Gott auf die Suche nach einem gelingenden und als sinn-

---

159 Das zeigt ähnlich auch die Befragung: Friedrich Schweitzer u. a., Jugend – Glaube – Religion. Eine Repräsentativstudie zu Jugendlichen im Religions- und Ethikunterricht, Münster/New York 2018.
160 Vgl. dazu: Friedrich Schweitzer, Das Bildungserbe der Reformation. Bleibender Gehalt, Herausforderungen, Zukunftsperspektiven, Gütersloh 2016.

voll erfahrbaren Leben verweist nicht nur auf einen möglichen Erfahrungsbezug des Reformationsthemas, sondern auch bereits auf die für heutige Jugendliche bezeichnenden Zugangsweisen. Mit welchen Deutungen ist im Unterricht zu rechnen? Wie gehen Jugendliche mit den für die Reformation entscheidenden Themen um?

Dass ein didaktischer Zugang über die Suche nach dem gnädigen Gott heute kaum mehr greifen kann, ergab sich auch bei einer Untersuchung zum konfessionell-kooperativen Religionsunterricht.[161] In einer der untersuchten Stunden schlüpften die Lehrerin und der Lehrer in einem imposanten Rollenspiel in die Rolle von Papst und Luther, um Fragen über Ablass, Rechtfertigung aus Gnade und die Kirche zu disputieren. Trotz der lebendigen didaktischen Form blieben die verhandelten Fragen den Schülerinnen und Schülern am Ende eher fremd und unverständlich. Die bei der unterrichtlich inszenierten Disputation als selbstverständlich vorausgesetzte Vorstellung eines Endgerichts erschien ihnen höchst fragwürdig. Ein solches Gericht gebe es doch nur für solche Menschen, die daran glauben. Und offenbar zählten sie sich selbst nicht zu dieser Gruppe – mit der Folge, dass sie auch die Brisanz der damals verhandelten Probleme nicht einmal ansatzweise erkennen und schon gar nicht für sich selbst nachvollziehen konnten.

Da es bislang an empirischen Untersuchungen von Religionsunterricht zum Thema Kirchengeschichte fehlt, soll an dieser Stelle auf konzeptionelle Überlegungen sowie Befunde zum Geschichtsunterricht verwiesen werden.[162]

In der Geschichtsdidaktik gibt es Ansätze zur Erforschung der Entwicklung des Geschichtsbewusstseins, die in dieser Hinsicht auch für den Religionsunterricht einschlägig sind.[163] Dabei werden, ähnlich wie in der Religionsdidaktik, an Jean Piaget angelehnte Entwicklungsmodelle im Sinne des genetischen Strukturalismus zugrunde gelegt. Auf diese Weise werden verschiedene Stufen oder Typen des Geschichtsbewusstseins identifiziert, die eine ontogenetische,

---

161 Vgl. Albert Biesinger/Julia Münch/Friedrich Schweitzer, Glaubwürdig unterrichten. Biographie – Glaube – Unterricht, Freiburg u. a. 2008, 82–94.
162 Zu Kirchengeschichte und Religionsdidaktik vgl. etwa: Heidrun Dierk, Kirchengeschichte elementar. Entwurf einer Theorie des Umgangs mit geschichtlichen Traditionen im Religionsunterricht, Münster 2007; Konstantin Linder/Ulrich Riegel/Andreas Hoffmann (Hg.), Alltagsgeschichte im Religionsunterricht. Kirchengeschichtliche Studien und religionsdidaktische Perspektiven, Stuttgart 2013; Stefan Bork/Claudia Gärtner (Hg.), Kirchengeschichtsdidaktik. Verortung zwischen Religionspädagogik, Kirchengeschichte und Geschichtsdidaktik, Stuttgart 2016.
163 Vgl. Andreas Körber/Waltraud Schreiber/Alexander Schöner (Hg.), Kompetenzen historischen Denkens. Ein Strukturmodell als Beitrag zur Kompetenzorientierung in der Geschichtsdidaktik, Neuried 2007.

wenn auch nicht einfach vom Lebensalter abhängige Abfolge darstellen und die dann auch Ausgangspunkt für die Gestaltung von Unterrichtsprozessen sein können. Vor allem dienen solche Unterscheidungen dazu, den Unterricht möglichst präzise auf die Zugangsweisen und Fähigkeiten der Schülerinnen und Schüler abstimmen zu können. In der neueren Diskussion schließt daran die Entwicklung von geschichtsdidaktischen Kompetenzmodellen an, im Sinne von »Kompetenzen historischen Denkens«, die schrittweise erworben werden sollen. Allerdings gilt auch in diesem fachdidaktischen Bereich, dass die empirische Validierung der entsprechenden Modellvorstellungen noch nicht allzu weit vorangeschritten ist.

Im vorliegenden Zusammenhang, also im Blick auf Klasse 8 und damit auf 14 bis 15-jährige Schülerinnen und Schüler, ist die Ausbildung eines basalen Niveaus der historischen Orientierungskompetenz auf der einen und weiterreichender Kompetenzen im Sinne des kritisch-reflektierten Umgangs mit dem eigenen Geschichtsbewusstsein auf der anderen Seite besonders interessant.[164] Ähnliche Unterscheidungen werden auch bezüglich der Erzählkompetenz als Teil der historischen Kompetenz getroffen.[165] Auch in diesem Falle ist es ein langer Weg hin zu einem »kritischen Erzählen«, das auf der Fähigkeit beruht, vorhandene Deutungsmuster kritisch-reflexiv infrage zu stellen.[166]

Solche Annahmen und Befunde bestätigen die oben zur Dekonstruktion der Luther-Biografie vertretene Auffassung, dass entsprechende reflexiv-kritische Verarbeitungsfähigkeiten erst allmählich ausgebildet werden und im Religionsunterricht der Klasse 8 jedenfalls nicht einfach vorausgesetzt werden dürfen. Das didaktische Vorgehen muss deshalb auf eine noch wenig ausgebildete historische Reflexionsfähigkeit eingestellt sein.

5.6 An Biografien lernen? Elementare Lernformen

Die Frage nach elementaren Lernformen soll in diesem Kapitel nicht vertieft werden, da die elementaren Strukturen und Wahrheiten im Vordergrund stehen. Insofern muss es bei wenigen Andeutungen bleiben.

Die Antwort auf die Frage nach elementaren Lernformen hängt naturgemäß von der didaktischen Entscheidung ab, die am Ende der elementarisierenden Erschließung des Themas Reformation steht. Vor allem zwei Alternativen, die allerdings auch miteinander verknüpft werden können, sind dabei zu bedenken:

---

164 Vgl. ebd., 482.
165 Vgl. ebd., 164.
166 Vgl. ebd., 168.

Soweit trotz der beschriebenen historischen Bedenken ein an der Biografie Luthers orientierter Weg gewählt wird, kommt der beschriebenen Diskussion die Arbeit mit unterschiedlichen Quellen entgegen. Ziel muss es dabei sein, in exemplarischer Weise verschiedene Wahrnehmungen und Wahrnehmungsmöglichkeiten von Luthers biografischen Erfahrungen sichtbar werden zu lassen. Dazu könnten beispielsweise evangelische und katholische Quellen aus der Reformationszeit einander gegenübergestellt werden.[167]

Sofern im Zentrum der thematische Zusammenhang zwischen Rechtfertigung und Identität, Sinn und gelingendem Leben stehen soll, bietet sich der Ansatz biografischen Lernens an.[168] Hierbei kann beispielsweise an lebensgeschichtlichen Äußerungen Jugendlicher herausgearbeitet werden, wie sich die Erfahrung des eigenen Selbst und sein Wert ändern können, wenn sie in die Perspektive des reformatorischen Rechtfertigungsglaubens gerückt werden. Eine unkonventionelle, in der Praxis von Religionsunterricht noch (zu) wenig genutzte Möglichkeit könnte im Blick auf die Bedeutung von Geld und Reichtum für den Lebenserfolg gesucht werden. Wie viel muss ich verdienen, damit ich als erfolgreich angesehen werden kann?[169]

Über diese Vorschläge hinaus enthalten nicht zuletzt die zum Reformationsjahr erschienene religionsdidaktische Literatur sowie die neuere Diskussion zu Kirchengeschichte im Religionsunterricht zahlreiche Anregungen.[170]

5.7 Wurden die Ziele erreicht? Evaluation

Nach wie vor spielt die Suche nach Vorbildern für Jugendliche eine wichtige Rolle. Zugleich spiegelt sich in der Vorbildthematik der Widerstreit unterschiedlicher Wahrnehmungen und Deutungen historischer Persönlichkeiten, der in diesem Kapitel im Zentrum steht. Folgende Aufgabe eignet sich daher zur erfahrungsnahen Überprüfung des angestrebten Kompetenzerwerbs.

> Soll Martin Luther noch ein Vorbild für heutige Jugendliche sein?
> Warum oder warum nicht?

---

167 Vgl. dazu etwa: Veit-Jakobus Dieterich, Ein protestantischer Heiliger? Martin Luther im evangelischen Religionsunterricht. In: Thomas Breuer/Veit-Jakobus Dieterich (Hg.), Luther unterrichten – Fächerverbindende Perspektiven für Schule und Gemeinde, Stuttgart 2016, 21–35.
168 Vgl. als Hintergrund: Margit Eckholt/Friedrich Schweitzer, Zur Gegenwartsbedeutung der Rechtfertigungsbotschaft für Religionspädagogik und kirchliche Bildungsarbeit. In: Religionspädagogische Beiträge 52/2004, 79–90.
169 Vgl. EIBOR (Hg.), Wie reich macht Geld? Bausteine für den Religionsunterricht an berufsbildenden Schulen, Göttingen 2018.
170 Vgl. Breuer/Dieterich (Hg.), Luther unterrichten sowie die in Anm. 162 genannte Literatur.

Dabei sind verschiedene Arbeitsformen möglich: in Arbeitsgruppen vorbereitete Stellungnahmen, Einzelarbeit mit schriftlichem Ergebnis, Plenardiskussion. Auch das Internet bietet zahlreiche Treffer zu »Luther als Vorbild« oder auch zu »Lutherdenkmal«, die eine entsprechende Diskussion anregen können.

6. Welcher Gott ist der richtige? – Interreligiöses Lernen am Beispiel Islam (Klasse 7/8)

6.1 Ausgangspunkte – Orientierungen

Die These des früheren Bundespräsidenten Christian Wulff, dass der Islam zu Deutschland gehöre, hat in den zum Teil bis heute heftigen Reaktionsformen offengelegt, dass die Frage der Zugehörigkeit des Islam zu Deutschland sich nicht pauschal beantworten lässt.[171] Dahinter stehen gesellschaftliche Grundsatzfragen, die politisch, sozial, rechtlich und auch schulpolitisch unterschiedlich beantwortet werden. Was kann eine demokratische Gesellschaft tun, um unter den Bedingungen von Religionspluralität und Multikulturalität ein friedliches und tolerantes Miteinander zu gewährleisten? Inwiefern kann ein gemeinschaftliches Zusammenleben gelingen, wenn doch nicht alle Mitbürgerinnen und Mitbürger dieselben Wertvorstellungen und moralischen Überzeugungen zu teilen scheinen? Diese und weitere Fragen stellen sich auch für Lehrerinnen und Lehrer als (religions-)pädagogische Aufgaben im Unterricht, will man den Islam in seiner aktuell gelebten Form behandeln und unter interreligiöser Perspektive aufnehmen. Hierzu enthalten die Bildungspläne mittlerweile viele Bezüge, die auf eine interreligiöse Dimension verweisen. Im Bildungsplan 2016 Baden-Württemberg beispielsweise heißt es etwa zu Klassenstufe 7/8: »Die Schülerinnen und Schüler können Vorstellungen von Gott in Judentum, Christentum und Islam vergleichen.« Wie dies geschehen soll, wird nicht vorgegeben – das ist eine Konsequenz der Kompetenzorientierung, die nicht von zu behandelnden Inhalten oder Themen her denkt, sondern von den zu erwerbenden Kompetenzen.

---

171 Christian Wulff hat im Rahmen seiner Rede zum Festakt »20 Jahre Deutsche Einheit« am 3. Oktober 2010 Folgendes formuliert: »Zuallererst brauchen wir aber eine klare Haltung. Ein Verständnis von Deutschland, das Zugehörigkeit nicht auf einen Pass, eine Familiengeschichte oder einen Glauben verengt, sondern breiter angelegt ist. Das Christentum gehört zweifelsfrei zu Deutschland. Das Judentum gehört zweifelsfrei zu Deutschland. Das ist unsere christlich-jüdische Geschichte. Aber der Islam gehört inzwischen auch zu Deutschland«; ders., Vielfalt schätzen – Zusammenarbeit fördern, Bremen 2010, 47.

Neben der verstärkten Aufnahme des Themas Islam in den Bildungsplänen kam es in den letzten Jahren auch auf politisch-institutioneller Ebene zu enormen Veränderungen. Prominent ist hier die Initiative des früheren Innenministers Wolfgang Schäuble im Jahr 2006 zu nennen, der die »Deutsche Islam Konferenz« ins Leben gerufen hat. Seither findet sie in regelmäßigen Abständen statt und soll den Dialog zwischen dem deutschen Staat und den in Deutschland lebenden Musliminnen und Muslimen langfristig ausgestalten und wichtige Impulse für ein tolerantes Miteinander geben. Zudem stellt die Einführung des Islamischen Religionsunterrichts und seine Etablierung im Fächerkanon der Schule eine Erweiterung dar, die mit der Gründung mehrerer Institute und Lehrstühle für die Lehrer- und Imamausbildung an den Universitäten einherging und seit 2004 eine rasante Entwicklung erfahren hat. An vielen Ausbildungsstätten wird islamische Theologie gelehrt, sodass nun auch für die christliche Religionslehrerbildung sowie für den interreligiösen Austausch Ansprechpartnerinnen und -partner verfügbar werden.

Neben diesen Entwicklungen, die auf eine engere Zusammenarbeit der Religionspädagogiken verweisen, belegen etliche empirische Untersuchungen, dass die Themenfelder »Fremdreligionen« oder »Religionen und Weltanschauungen« für Schülerinnen und Schüler zu den beliebtesten Unterrichtseinheiten gehören und einen ganz besonderen Appeal ausüben.[172] Grund für diese hohe Anziehungskraft mag neben dem Interesse an Fremden und Fremdem auch die Tatsache sein, dass mittlerweile mehr als ein Drittel aller Schülerinnen und Schüler in Deutschland einen Migrationshintergrund aufweist. Die Vielfalt der Religionen in den Klassenzimmern lässt zunächst auf einen hohen Erfahrungsschatz schließen, wenngleich auch herausgestellt werden muss, dass die Auskunftsfähigkeit über die eigene oder die fremde Religion mitunter sehr unbefriedigend sein kann und Kinder und Jugendliche auch nicht in die Rolle des Experten für die angeblich eigene Religion gedrängt werden wollen. Erste Befunde aus der empirischen Unterrichtsforschung machen dabei deutlich, dass der Erfolg interreligiösen Lernens im Sinne der Kompetenzentwicklung sich keineswegs von selbst einstellt, wenn entsprechende Themen im Unterricht behandelt werden. Vor allem die in der Literatur immer wieder als zentral bedeutsam genannte Fähigkeit der Perspektivenübernahme ist offenbar weni-

---

172 Vgl. etwa: Uta Pohl-Patalong u. a., Konfessioneller Religionsunterricht in religiöser Vielfalt. Eine empirische Studie zum evangelischen Religionsunterricht in Schleswig-Holstein, Stuttgart 2016.

ger leicht zu unterstützen als ein auf andere Religionen bezogenes Wissen.[173] Ähnliches gilt den Befunden zufolge für religionsbezogene Einstellungen, die unterrichtlich nur schwer zu beeinflussen sind.

6.2 Mein Gott! – Dein Gott! – Unser Gott? Elementare Strukturen

Beim Thema Islam sind die wichtigsten fachwissenschaftlichen Disziplinen die Islamische Theologie sowie die Religionswissenschaft. Bietet die in Deutschland zunehmend anzutreffende Islamische Theologie Darstellungen zum Islam, die auch die muslimischen Glaubensüberzeugungen berücksichtigen und aus der (Innen-)Perspektive des Islam verantwortet werden, will sich die Religionswissenschaft vielfach bewusst auf eine neutrale Darstellung aus der Außenperspektive beschränken. Insofern kann es gewinnbringend sein, Darstellungen aus beiden Disziplinen miteinander zu vergleichen und in sich wechselseitig ergänzender Form heranzuziehen. Beim Thema »Islam« könnte als Bezugswissenschaft zudem an die Kulturwissenschaften gedacht werden, aber auch an die Religionssoziologie und die Religionspsychologie. Darüber hinaus ist aber auch die christliche Theologie angesprochen, da es im Religionsunterricht immer auch um eine christliche Sicht auf den Islam sowie um das Verhältnis christlicher und muslimischer Sichtweisen zueinander gehen muss.

Die angeführten Bezugsdisziplinen machen klar, dass es beim Unterrichten des Themas Islam zumeist einer auf das Selbststudium hin angelegten Vorbereitung bedarf, sofern im Studium keine entsprechenden Veranstaltungen besucht wurden. Um sich in die Grundlagen der islamischen Geschichte und Theologie einzuarbeiten, kann inzwischen auf einschlägige Monografien, Lexika und Zeitschriften zurückgegriffen werden.[174]

Die Behandlung im Unterricht schließt bei der Unterrichtseinheit Islam in zahlreichen Bildungsplänen die Verwendung von Suren und Versen aus dem

---

173 Vgl. Friedrich Schweitzer/Magda Bräuer/Reinhold Boschki (Hg.), Interreligiöses Lernen durch Perspektivübernahme. Eine empirische Untersuchung religionsdidaktischer Ansätze, Münster 2017; Hans-Georg Ziebertz (Hg.), Gender in Islam und Christentum. Theoretische und empirische Studien, Münster 2010; Carl Sterkens, Interreligious Learning. The Problem of Interreligious Dialogue in Primary Education, Leiden/Boston/Köln 2001.
174 In Auswahl: Angelika Neuwirth, Der Koran als Text der Spätantike. Ein europäischer Zugang, Berlin 2010; dies., Die koranische Verzauberung der Welt und ihre Entzauberung der Geschichte, Freiburg 2017; Heinz Halm, Der Islam. Geschichte und Gegenwart, München 2015; Mouhanad Korchide, Der andere Prophet. Jesus im Koran, Freiburg 2018; Martin Affolderbach/Inken Wöhlbrand (Hg.), Was jeder vom Islam wissen muss, Gütersloh ^{8}2011; Naciye Kamçili-Vildiz/Fahimah Ulfat, Islam. Von Abendgebet bis Zuckerfest. Grundwissen in 600 Stichwörtern, München 2014; Themenheft der ZPT: Islam und Islamische Religionspädagogik, 64 (2012).

Koran ein, die exemplarisch aufgeführt werden. Hilfreich ist der Vorschlag von muslimischer Seite, im christlichen Unterricht eher paraphrasierte Koranverse einzusetzen, da durch die (zumeist) nicht vorhandenen Arabischkenntnisse der Lehrperson eine adäquate Übersetzung ausgeschlossen ist (in muslimischer Sicht wird ohnehin davon ausgegangen, dass es nicht möglich ist, den Koran zu übersetzen). Die Einführung von Koranversen im Unterricht sollte zudem, der heutigen islamisch-exegetischen Auslegungslehre folgend,[175] in den historischen Kontext des Offenbarungsanlasses eingebettet sein; Koranverse sollten nicht losgelöst von diesem Kontext interpretiert werden, sonst kann es durch eine bloße Gegenüberstellung z. B. mit Versen aus der Bibel zu Fehlinterpretationen kommen. Diese Herangehensweise setzt jedoch gute historische Kenntnisse voraus und stellt nicht geringe Anforderungen an die Vorbereitung der Lehrperson. Schließlich ist noch zu klären, welche Koranausgabe für den Einsatz im Unterricht geeignet ist, da diesbezügliche Hinweise in den Bildungsplänen zumeist fehlen.[176]

Unterzieht man die Bildungspläne einem Vergleich, so lässt sich ein fast kanonisches Wissen beim Themenfeld Islam feststellen. Zu den grundlegenden Inhalten für die Klassenstufe 7/8 gehören die Bedeutung Mohammeds, die Fünf Säulen, die Glaubensgrundsätze, Koran und Sunnah, die Rolle des Imam, verschiedene Ausprägungen des Islam wie Schiiten, Sunniten oder Aleviten sowie einzelne Feste und Fastenzeiten, aber auch etwa die oben als Beispiel genannten Vorstellungen von Gott. Zudem ist festzustellen, dass im Unterricht auch ganz alltagspraktische Fragen thematisiert werden, wie z. B. die Frage nach dem Umgang mit Beten am Arbeitsplatz, die Frage nach Rollen- und Familienbildern oder die Frage nach Tabus in der Religion.

Will man das Thema Islam adäquat unterrichten, sollte man zudem um das Unterrichtsprinzip des *interreligiösen Lernens* wissen, das stetig weiterentwickelt wurde. In Reaktion auf die gesellschaftlichen Veränderungen hat sich das interreligiöse Lernen als eine Lerndimension etabliert, die didaktisch, gesellschaftlich und auch theologisch der Pluralität gerecht werden soll. Mit Fragen des interreligiösen Lernens hat sich die deutschsprachige Religionspädagogik seit den 1960er Jahren intensiver befasst. Auf katholischer Seite ist als markanter Wendepunkt das Zweite Vatikanische Konzil bedeutsam geworden, da hier erstmals ein verändertes kirchliches Bewusstsein für das Verhältnis von christlichen und nicht-christlichen Religionen thematisiert und schriftlich fixiert wurde.

---

175 Vgl. die in Anm. 174 genannte Literatur.
176 Vorschläge: Der Koran. Neu übertragen von Hartmut Bobzin, München ²2015; Die Botschaft des Koran. Übersetzung und Kommentar von Muhammad Asad, Düsseldorf 2009.

Auf evangelischer Seite setzt das intensive theologische Nachdenken über interreligiöse Prozesse erst in den 1980er und 1990er Jahren ein. Aus didaktischer und bildungstheoretischer Perspektive sind im deutschsprachigen Raum zwei Ansätze von weitreichender Bedeutung geblieben. Zunächst ist der Ansatz von Johannes Lähnemann zu nennen, der sein Konzept der »Weltreligionen im Unterricht« stetig weiterentwickelt hat.[177] Zudem kann Karl Ernst Nipkows bildungstheoretische Fundierung des interreligiösen Lernens in der Pluralitätsthematik als weiterer Bezugspunkt gesehen werden.[178] Beide Konzepte sehen im interreligiösen Lernen eine auf Dauer angelegte Grundaufgabe und Herausforderung, die es auf allen Ebenen des schulischen Lernens zu realisieren gilt. In der Folge sind unterschiedliche Ansätze zum interreligiösen Lernen entwickelt worden, die bisher noch nicht auf eine konsensuelle Einheit in der Definition und didaktischen Herangehensweise schließen lassen.

In den letzten Jahren sind mehrere Monografien zum interreligiösen Lernen erschienen, die mit ihren verschiedenen Ansätzen im vorliegenden Beitrag nicht alle ausführlich dargestellt werden können. Auf katholischer Seite sind Entwürfe von Stephan Leimgruber, Clauß Peter Sajak, Monika Tautz und Mirjam Schambeck zu nennen.[179] Aus evangelischer Perspektive liegen neben den oben genannten verschiedene weitere Entwürfe vor, zu denen u. a. Karlo Meyer und Joachim Willems zu zählen sind.[180] Zudem hat Friedrich Schweitzer einen grundlagentheoretischen Entwurf veröffentlicht, der auf interreligiöse Bildung bezogen ist.[181]

Im Religionsunterricht steht das Thema Islam im Horizont interreligiöser Bildung. Es kommt nicht nur auf eine religionskundliche Darstellung des Islam an, die allerdings unverzichtbar ist. Weiterreichend muss es aber immer auch

---

177 Johannes Lähnemann, Evangelische Religionspädagogik in interreligiöser Perspektive, Göttingen 1998; ders., Lernen in der Begegnung. Ein Leben auf dem Weg zur Interreligiosität, Göttingen 2017.
178 Karl Ernst Nipkow, Bildung in einer pluralen Welt, Bd. 1: Moralpädagogik im Pluralismus; Bd. 2: Religionspädagogik im Pluralismus, Gütersloh 1998.
179 Stephan Leimgruber, Interreligiöses Lernen, München ²2012; Clauß Peter Sajak, Das Fremde als Gabe begreifen. Auf dem Weg zu einer Didaktik der Religionen aus katholischer Perspektive, Münster 2010; Monika Tautz, Interreligiöses Lernen im Religionsunterricht. Menschen und Ethos im Islam und Christentum, Praktische Theologie heute 90, Stuttgart 2007; Mirjam Schambeck, Interreligiöse Kompetenz. Basiswissen für Studium, Ausbildung und Beruf, Göttingen 2013.
180 Karlo Meyer, Fünf Freunde fragen Ben nach Gott. Begegnungen mit jüdischer Religion in den Klassen 5–7, Göttingen 2008; Joachim Willems, Interreligiöse Kompetenz. Theoretische Grundlagen – Konzeptualisierungen – Unterrichtsmethoden, Wiesbaden 2011.
181 Friedrich Schweitzer, Interreligiöse Bildung. Religiöse Vielfalt als religionspädagogische Herausforderung und Chance, Gütersloh 2014.

um das Verhältnis zwischen den Religionen gehen, insbesondere um Christentum und Islam. Hier stellt sich auch die in der Überschrift zu diesem Abschnitt genannte Frage: Glauben Christen und Muslime an denselben Gott? Diese Frage wird dabei aus christlicher und muslimischer Sicht durchaus unterschiedlich beantwortet. Auf die verzweigte theologische Diskussion dazu kann hier nur verwiesen werden (s. unten zu Elementaren Wahrheiten).[182]

6.3 Der Islam als in Deutschland gelebte Religion: Elementare Erfahrungen

Die Frage nach lebensweltlichen Bezügen spielt beim Thema Islam eine hervorgehobene Rolle. Sie berührt bereits eine fachdidaktische Grundentscheidung: Lange Zeit war es üblich, andere Religionen im Religionsunterricht als sogenannte »Weltreligionen« vor allem unter dem Aspekt von Geschichte und Dogmatik (theologische Lehren) aufzunehmen, mit der Folge, dass andere Religionen primär im Kontext ferner Ursprungsländer betrachtet wurden. Angesichts der inzwischen stark sichtbaren Präsenz des Islam auch in Deutschland leuchtet dies kaum mehr ein, denn wirft man einen Blick auf die demografischen Gegebenheiten in Deutschland, lässt sich festhalten, dass von den mehr als vier Millionen Musliminnen und Muslimen, die in Deutschland leben, gut 900 000 Schülerinnen und Schüler muslimischen Glaubens sind, von denen derzeit lediglich ca. 3 % eine religiöse Unterweisung im Islam an staatlichen Schulen erhalten.[183] Ein Religionsunterricht, der den in Deutschland gelebten Islam übergeht, kann nicht mehr überzeugen. Für die Schülerinnen und Schüler ist es naturgemäß besonders interessant, etwas über die religiösen Orientierungen und Praxisformen gleichaltriger Kinder oder Jugendlicher zu erfahren, mit denen sie ihren Alltag nicht zuletzt auch in der Schule teilen.

Die Orientierung an der gelebten Form von Religion bedarf jedoch in zwei Hinsichten noch einer Erweiterung: Darstellungen zur gelebten Religion müssen auch weiterhin in Verbindung mit den ihnen zugrundeliegenden theologischen Lehren erfolgen, sonst verflüssigen sich religiöse Traditionen in banale (Alltags-) Phänomene, wie z. B. den Glauben an den Weihnachtsmann. Des Weiteren reicht es nicht aus, nur die jeweils andere Religion in ihrer gelebten Form aufzunehmen. Die Blickrichtung auf die andere gelebte Religion muss sich auch in

---

182 Vgl. mit Hinweisen auf die entsprechende Literatur: Schweitzer, Interreligiöse Bildung, 188–187.
183 Die Angaben stammen aus dem Beitrag von: Bülent Ucar/Coskun Saglam, Islamische Religionspädagogik in Deutschland. Stand der Einrichtung – Personal – Arbeitsschwerpunkte. In: ZPT 64 (2012), 13–25, 13.

Bezug auf die eigene Religion befragen lassen. Begegnungen mit anderen Religionen sind also vielfach verwoben möglich: (1) »zwischen verschiedenen Formen gelebter Religion«, (2) »zwischen verschiedenen historisch-dogmatischen Ausdrucksformen«, (3) »zwischen historisch-dogmatischen Ausdrucksformen der eigenen Religion und gelebten Formen einer anderen Religion«, (4) »zwischen historisch-dogmatischen Ausdrucksformen einer anderen Religion und gelebten Formen der eigenen Religion«.[184]

Diese Formen der Religionsbegegnung im Bereich des interreligiösen Lernens erfahren nochmals eine Steigerung der Komplexität, wenn man auch berücksichtigt, dass neben den *persönlichen* Begegnungen vor allem die *medialen* Wahrnehmungen für Schülerinnen und Schüler omnipräsent sind. Durch die weltweite mediale Vernetzung kommen die Schülerinnen und Schüler mit Formen von gelebter Religion in Berührung, wie z. B. verschiedenen Ausprägungen des Islam in Indonesien oder Pakistan, die ein völlig anderes Bild liefern, als sie es von einem europäisch geprägten Islam kennen. Für den konkreten Unterricht bedeutet dies, dass nicht nur die Theologie bzw. die Theologien zu berücksichtigen sind, sondern auch die Religionsforschung eine wichtige Rolle spielen muss.

Eine in den Bildungsplänen noch häufig übergangene Herausforderung liegt demnach in den vielfach spannungsvollen Erfahrungen im Zusammenleben der Kinder und Jugendlichen: Dass heute in Deutschland Kinder mit unterschiedlicher Religionszugehörigkeit oder auch ohne formelle Religionszugehörigkeit von früh auf, etwa im Kindergarten, gemeinsam aufwachsen und dass dabei auch Freundschaften entstehen, stellt einen positiv wahrzunehmenden Erfahrungsbezug dar, an den auch etwa hinsichtlich dialogisch-interreligiöser Zielsetzungen im Religionsunterricht angeknüpft werden kann. Ebenso deutlich stehen aber auch Negativ-Erfahrungen vor Augen: Sozialwissenschaftlichen Umfragen bei Jugendlichen und Erwachsenen zufolge sind in Deutschland negative Bilder von Islam und Musliminnen und Muslimen weit verbreitet.[185] Speziell zu Schülerinnen und Schülern in Klasse 7/8 sind bislang zwar keine entsprechenden Befunde verfügbar, aber es ist davon auszugehen, dass die bei älteren Jugendlichen und Erwachsenen verbreiteten Vorurteile sich auch bei den Kindern niederschlagen. Auch die Schülerinnen und Schüler sind beim Islam nicht einfach vorurteilsfrei. Das gilt für christliche wie für konfessionslose Jugendliche. Wie es umgekehrt

---

184 Schweitzer, Interreligiöse Bildung, 130 f.
185 Vgl. bes.: Detlef Pollack u. a., Grenzen der Toleranz. Wahrnehmung und Akzeptanz religiöser Vielfalt in Europa, Wiesbaden 2014; Religionsmonitor (Bertelsmann-Stiftung): Sonderauswertung Islam 2015. Die wichtigsten Ergebnisse im Überblick, Gütersloh 2015; vgl. auch Schweitzer u. a., Jugend – Glaube – Religion, Münster/New York 2018.

mit anti-christlichen Sichtweisen bei jungen Musliminnen und Muslimen steht, ist empirisch bislang nicht geklärt. Auch in diesem Falle sollte jedoch nicht vorausgesetzt werden, dass muslimische Jugendliche dem Christentum nur mit positiven Einstellungen begegnen. Lebensweltliche Bezüge wahrzunehmen bedeutet deshalb, sich sowohl auf positive Anknüpfungsmöglichkeiten als auch auf problematische Haltungen und Vorurteile zu beziehen.

6.4 Wie können interreligiöse Lernprozesse beschrieben werden? Elementare Zugänge

Schon die im letzten Abschnitt angesprochenen Vorurteile gehören auch zu den elementaren Zugängen. Darüber hinaus sind weitere Aspekte zu bedenken: In kognitiver Hinsicht zeigen vor allem entwicklungspsychologische Untersuchungen, dass die Wahrnehmung anderer Religionen und ihrer Angehörigen bei Kindern deutlich anders ausfallen kann als bei (älteren) Jugendlichen oder Erwachsenen.[186] Schon die Unterscheidung zwischen Konfession und Religion stellt eine erste Herausforderung dar: Handelt es sich bei »evangelisch« und »katholisch« um zwei Religionen? Ist der Islam eine Konfession? Eine weitere Herausforderung ergibt sich aus der in der Religionspädagogik heute weithin als erforderlich angesehenen differenzierenden Wahrnehmung der verschiedenen religiösen Traditionen und Gemeinschaften: Weder gibt es »das Christentum«, noch gibt es »den Islam«. In welchem Sinne ist es überhaupt sinnvoll, von »Religionen« als unterscheidbaren Größen zu sprechen?

Auch solche Fragen müssen unter dem Aspekt der elementaren Zugänge konsequent von den Zugangs- und Deutungsweisen der Kinder und Jugendlichen her reflektiert werden. Leider sind viele der dabei berührten Deutungsweisen (entwicklungs-)psychologisch noch gar nicht oder jedenfalls nicht in zureichender Weise geklärt. Dennoch bietet auch der noch vorläufige Forschungsstand zahlreiche Impulse für die Unterrichtsvorbereitung, wie die unten beschriebene Klassifizierung von Heinz Streib exemplarisch zeigt. Daneben bieten die (allerdings nicht immer verallgemeinerbaren) Beiträge zur Kinder- und Jugendtheologie weitere Anregungen, auch zum Themenbereich »nicht-christliche Religionen« im Religionsunterricht.[187]

Dort, wo nicht auf ausreichende Forschungsergebnisse zurückgegriffen werden kann, sollte zumindest eine diagnostische Sensibilität angestrebt werden, die

---

186 Vgl. als Überblick: Schweitzer, Interreligiöse Bildung.
187 Vgl. dazu Friedrich Schweitzer, Kindertheologie und Elementarisierung. Wie religiöses Lernen mit Kindern gelingen kann, Gütersloh 2011.

es ermöglicht, in der Arbeit mit der eigenen Lerngruppe die für die Schülerinnen und Schüler bestimmenden Zugangs- und Deutungsweisen zu identifizieren und sich im Unterricht darauf einzustellen. Dafür können etwa besondere methodische Elemente oder Aufgaben eingeplant werden, deren Bearbeitung durch die Schülerinnen und Schüler Aufschluss über deren Zugangs- und Deutungsweisen geben kann.

Aus entwicklungspsychologischer Perspektive hat sich in Weiterentwicklung von Fowlers Theorie der Glaubensentwicklung vor allem Streib einem Modell religiöser »Stile« gewidmet. Diese Stile oder Stadien schließen auch Fremdbegegnung und Vertrautheit mit ein. Streib will seine Theorie jedoch nicht als eine strukturgenetische Entwicklungsfolge von verschiedenen Stilen verstehen. Vielmehr gehe es um »stets verfügbare Stile, für deren Aktualisierung Faktoren wie funktionale Erwartungen und Bedürfnisse und situative Bedingungen eine entscheidende Rolle spielen.« Folgende Beschreibung der religiösen Stile in Bezug auf die »interreligiöse Verhandlung« führt Streib auf:

1. »*Dialogisch – Interreligiös-dialogisch:* Perspektivenwechsel, in dem die fremde Religion als Geschenk gesehen wird, das unbegreiflich ist, nicht objektiviert werden kann und darf, jedoch Anstöße zur Selbstkritik gibt«;
2. »*Individuierend-systemisch – Explizit multi-religiös:* Entweder ›hart‹-pluralistische Abgrenzung (wegen Inkompatibilität) oder (partielle) reflexive Assimilation der fremden Religion. Die Sorge um die eigene Identität steht im Mittelpunkt«;
3. »*Mutuell – Implizit multi-religiös:* Entweder ›weich‹-pluralistische Suche nach Harmonie […] mit der anderen Religion oder konventionsgeleitete Abwehr der fremden Religion«;
4. »*Instrumentell-reziprok/›Do-ut-des‹ – Imperialistisch mono-religiös:* Inklusive oder exklusive Behauptung der Überlegenheit der eigenen Religion«;
5. »*Subjektiv-xenophobisch – Mono-religiös:* Verbale Einbahn-Direktiven (oder gar nonverbale Gewalt), um Zustimmung zur eigenen Religion zu erreichen«[188].

Das als Analyseelement dienende Modell von Streib kann dabei helfen, Lernschritte aufzuzeigen und eine »Kultivierung von Fremdheit« für den Unterricht stark zu machen.

---

188 Heinz Streib, Wie finden interreligiöse Lernprozesse bei Kindern und Jugendlichen statt? Skizze einer xenosophischen Religionsdidaktik. In: Peter Schreiner/Ursula Sieg/Volker Elsenbast (Hg.), Handbuch Interreligiöses Lernen, Gütersloh 2005, 230–243, 237.

6.5 Bezeichnen »Gott« und »Allah« denselben Gott? Elementare Wahrheiten

Schon bei den elementaren Strukturen, Erfahrungen und Zugängen ist deutlich geworden, dass die wechselseitigen Wahrnehmungen zwischen Angehörigen von Christentum und Islam keineswegs immer positiv ausfallen. Das gilt nicht nur für Erwachsene, sondern auch für Kinder. In den Tübinger Untersuchungen zum Elementarbereich zeigte sich, dass bereits fünf oder sechs Jahre alte Kinder regelrechte theologische Streitgespräche darüber führen können, ob »Gott« und »Allah« denselben Gott bezeichnen oder nicht.[189] Für Musliminnen und Muslime ist dies, jedenfalls im Sinne des Koran, eindeutig mit Ja zu beantworten. Für Christinnen und Christen hingegen, die sich hier nicht auf die Bibel berufen können, stellt sich die Frage in weit offenerer Form.

Letztlich geht es dabei darum, ob Christinnen und Christen und Musliminnen und Muslime an denselben Gott glauben. Diese Frage fordert auch Erwachsene heraus, nicht zuletzt die Religionslehrerinnen und -lehrer, die sich auch professionell mit Glaubensfragen befassen. Eine abschließende, gleichsam korrekte theologische Antwort gibt es auf diese Frage allerdings nicht, denn die theologischen Diskurse dazu sind nach wie vor offen und mitunter kontrovers. Insofern besteht bei der Unterrichtsvorbereitung zum Thema »Islam« die erste Aufgabe darin, eine eigene Position dazu zu finden und sich über Möglichkeiten klar zu werden, wie diese Position begründet werden kann.

Entscheidend für den Unterricht ist, dass den unterschiedlichen Sichtweisen auch im Blick auf den Gottesglauben ausdrücklich Raum gegeben wird. Denn genau hier wird die Frage nach dem wahren Glauben sowie nach der Wahrheit von Glaube insgesamt zum Thema. Jugendliche neigen mitunter stark zu der Auffassung, dass über Glaubensfragen nicht sinnvoll gestritten werden könne. Schließlich könne doch nur jeder und jede selbst wissen, was er oder sie glauben möchte und was nicht. Wenn der Unterricht nicht bei dieser zur Beliebigkeit tendierenden Position stehen bleiben soll, müssen Impulse gesetzt werden, die für die Jugendlichen weiterführende Reflexions- und Klärungsprozesse auslösen können. Welchen Unterschied macht es eigentlich, wie die Frage nach »demselben Gott« beantwortet wird? Warum ist die Antwort für Musliminnen und Muslime oft so viel wichtiger als für Christinnen und Christen? Muss die

---

189 Vgl. Anke Edelbrock/Friedrich Schweitzer/Albert Biesinger (Hg.), Wie viele Götter sind im Himmel? Religiöse Differenzwahrnehmung im Kindesalter, Münster 2010.

Gottesfrage zu bleibenden Grenzziehungen führen? Führt die Berufung auf den gemeinsamen Monotheismus oder auf Abraham weiter?[190]

In dieser Form handelt es sich natürlich noch nicht um Fragen, die mit den Schülerinnen und Schülern besprochen werden können. Zunächst sollte sich hier die Lehrperson selbst Klarheit verschaffen. In weiteren Schritten kann nach Konkretionen gesucht werden, die sich im Sinne solcher Fragen für den Unterricht mit einer bestimmten Lerngruppe eignen.

6.6 Wer ist dein Gott? Perspektivübernahme fördern bei den Elementaren Lernformen

Nicht wenige Religionslehrer und -lehrerinnen werden in ihrer beruflichen Laufbahn den sogenannten »Islamkoffer« eingesetzt haben, um mit Schülerinnen und Schülern über den islamischen Glauben ins Gespräch zu kommen. Inzwischen gerät man ins Schmunzeln, denn lange Zeit galt die museale Zusammenstellung von Requisiten wie einem Gebetsteppich oder Kompass, der nach Mekka zeigt, als zumeist einzige Zugangsweise, um eine Fremdreligion zu unterrichten. Hier hat sich die Situation grundlegend verändert. Der Islam gehört längst zur alltäglichen Erfahrungswelt in Deutschland. Deshalb stellt sich häufig auch die Frage, ob im Religionsunterricht gezielte Begegnungen mit Angehörigen anderer Religionen ermöglicht werden sollen. Das kann sowohl im Blick auf Erwachsene sinnvoll sein, die speziell in den Unterricht eingeladen werden, als auch auf muslimische Schülerinnen und Schüler, die dann aber nicht fraglos als »Experten« ihrer Religion behandelt werden dürfen.

Um sich grundlegend mit geeigneten Lernformen zu befassen, sollten folgende Fragen bei den elementaren Lernformen zum Thema Islam im Vordergrund stehen: Welche Unterrichtsmethoden können gewährleisten, dass die aktuellen Erfahrungsbezüge mit dem Islam tatsächlich zum Tragen kommen? Wie können die Zugangs- und Deutungsweisen der Schülerinnen und Schüler im Unterricht Ausdruck gewinnen? Wodurch kann auch konfligierenden religiösen Überzeugungen im Sinne der elementaren Wahrheiten im Unterricht Raum gegeben werden?

Beim Thema Islam gilt dies etwa für die drei einschlägigen Teilkompetenzen von »Wissen«, »Perspektivenübernahme« und »Einstellungen«.[191] Auch wenn bislang keine unmittelbar auf die als Beispiel gewählte Klassenstufe 7/8 bezogenen Befunde verfügbar sind, kann auf der Grundlage von Untersuchungen zu ande-

---

190 Vgl. dazu auch Anm. 75.
191 Vgl. hierzu Friedrich Schweitzer, Interreligiöse Bildung.

ren Alters- oder Klassenstufen davon ausgegangen werden, dass sich vor allem mit der Fähigkeit zur Perspektivenübernahme sowie mit möglicherweise xenophoben Einstellungen besondere Herausforderungen verbinden.[192] Zumindest zur Perspektivenübernahme lassen sich dabei auch konkrete Übungsmöglichkeiten benennen: Rollenspiele, Verfassen von Texten aus der Perspektive von Angehörigen des Islam oder, darauf in umgekehrter Perspektive bezogen, von Angehörigen des Christentums im Blick auf den Islam usw.

Die Fähigkeit zur Perspektivenübernahme wird dadurch erworben, dass die Perspektive anderer eingenommen wird. Schwieriger stellen sich die didaktischen Aufgaben bei wünschenswerten Einstellungsänderungen dar. Auf andere Religionen bezogene Einstellungen sind oftmals in der Herkunftsfamilie sowie in der Gruppe der Gleichaltrigen verankert und werden vielfach medial weiter verstärkt. Entsprechend sollte die Wirksamkeit von Unterricht in dieser Hinsicht nicht überschätzt werden. Gleichwohl können wenigstens Impulse gesetzt werden, etwa durch mediale oder persönliche Begegnungen, durch die Vorurteile zumindest infrage gestellt werden können.

Als zentrale Intention und damit Merkmal aller interreligiösen Ansätze kann der Dialog angesehen werden. Es geht beim Dialog vor allem um die Wahrnehmung des Anderen, dem mit Toleranz, Respekt und Anerkennung zu begegnen ist. Alle unterrichtlichen Methoden sollten daraufhin überprüft werden, wieviel echten Dialog sie durch ein persönliches Gespräch »auf Augenhöhe« ermöglichen. Als Beispiele können für den schulischen Kontext genannt werden: ein Rollenspiel, ein Interview, eine Podiumsdiskussion oder eine Darstellung eines missglückten Dialogs, der auf Schwierigkeiten in der interreligiösen Kommunikation verweist; für außerschulische Begegnungen im Rahmen von Exkursionen, Projekttagen oder eines Sozialpraktikums bieten sich direkte Begegnungen auch in Kirchengemeinden oder Moscheen mit Vertreterinnen und Vertretern der jeweils anderen Religion an, um dort ins Gespräch zu kommen.

6.7 Wurden die Ziele erreicht? Evaluation

Um herauszufinden, ob die Fähigkeit zur Perspektivenübernahme im Unterricht tatsächlich unterstützt werden konnte bzw. hier Kompetenzen ausgebildet wurden, die sich auf eine interreligiöse Deutungs- und Urteilskompetenz, eine Partizipations- und Handlungskompetenz oder auf interreligiös relevante Kenntnisse beziehen, kann folgende Aufgabe gestellt werden.

---

192 Vgl. die in Anm. 188 genannte Literatur.

Im Rahmen einer Unterrichtsdiskussion über den Islam sind von Mitschülern/ Mitschülerinnen untenstehende Thesen geäußert worden. Suche dir eine Position aus und überlege, warum jemand diese Position einnehmen könnte. Verfasse in einem zweiten Schritt eine Antwort.[193]
- »Über Glauben zu diskutieren lohnt sich nicht, weil sowieso jeder glauben soll, was er will.«
- »Ohne Religion wäre die Welt friedlicher.«
- »Manche muslimische Gruppen machen mir Angst.«
- »Manche christliche Gruppen machen mir Angst.«
- »Mich interessiert, was Mitschüler einer anderen Religion denken.«

7. Migration und Religion – Anderen zu begegnen heißt, Anderes zu lehren und zu lernen (Oberstufe)

7.1 Ausgangspunkte – Orientierungen

Die Sicht auf Europa als Migrationskontinent scheint gegenwärtig die beherrschende Perspektive zu sein: Migration rüttelt an den traditionellen Formen des Zusammenlebens und stellt enorme Anforderungen an Staat und Nation sowie an Identität und religiöse Orientierung jedes und jeder Einzelnen.[194] Zahlreiche Debatten im gesellschaftlichen, kulturellen und (schul-)politischen Bereich kreisen um die Frage, wie eine Neuformung der Gesellschaft angesichts der globalen Migrationsbewegungen aussehen kann und welche Veränderungen sich daraus für das kulturelle und religiöse Zusammenleben ergeben. Die mitunter recht emotional geführten Kontroversen bewegen sich im Spannungsfeld zwischen einer Willkommens- und Anerkennungskultur einerseits und der Angst vor Deprivation oder dem Verlust des gesellschaftlichen Zusammenhalts andererseits.

Das Phänomen Migration ist medial gesehen eines der vorherrschenden Themen. Mit Blick auf die Bildungspläne der Bundesländer sieht dies jedoch anders aus: Das Stichwort Migration taucht nur ganz vereinzelt in wenigen Plänen auf und wenn, dann zumeist im Kontext von interreligiöser Bildung. Dieses Kapitel, das auf die gymnasiale Oberstufe fokussiert ist, versteht Migration hingegen nicht als eine situative Herausforderung für Schülerinnen und Schüler sowie

---

[193] Die Beispielsätze sind entnommen aus der Jugendstudie: Schweitzer u. a., Jugend – Glaube – Religion, 114.
[194] Kerstin Kazzazi/Angela Treiber/Tim Wätzold, Migration – Religion – Identität. Aspekte transkultureller Prozesse, Wiesbaden 2016.

Lehrerinnen und Lehrer. Es will in grundlegender Weise die Bedeutung von Migration für (religiöse) Bildung herausstellen.[195] Von religionspädagogischer Seite sind in jüngster Zeit zahlreiche Neuerscheinungen greifbar, die das Thema »Migration und Religion« in vielfältiger Weise thematisieren.[196] Vonseiten der empirischen Unterrichtsforschung liegen bisher noch keine einschlägigen Befunde vor. Allerdings gibt es im Bereich des sogenannten Diakonischen Lernens, das sich seit gut dreißig Jahren als ein fester Bestandteil des Sozialen Lernens etabliert hat, zahlreiche Ansätze. Die hierbei angestrebten Kompetenzen wie Solidarität, Empathie, Prosozialität und Nächstenliebe zielen vor allem auf affektive und soziale Lernziele, die primär auch im Religionsunterricht ihren Ort haben. Auf katholischer Seite lässt sich das Compassion-Projekt anführen, das einen ganz ähnlichen Ansatz verfolgt und auch eine erste empirische Untersuchung zur Wirksamkeit unterschiedlicher Lernformen einschloss.[197]

Die anzustrebenden Kompetenzen machen deutlich, dass das Thema Migration und Religion nicht nur ein genuin für den Religionsunterricht prädestiniertes Thema ist, sondern im Sinne einer gelingenden Schulkultur von allen Fächern als Aufgabe verstanden werden muss. Hier gilt es als Schulgemeinschaft ein Schulkonzept zu verfolgen, das die Herausforderungen im Umgang mit Migration als schulische Gesamtaufgabe anerkennt.

Das komplexe Thema Migration und Religion verlangt vor allem von Lehrkräften eine fundierte Analyse der elementaren Strukturen, die unweigerlich auch die elementaren Wahrheiten beeinflusst. Schwerpunkt für die folgende Ausarbeitung bilden jedoch die elementaren Lernformen, die sich in besonderer Weise auf die genannten Kompetenzen beziehen.

7.2 Migration als Signatur der Gegenwart: Elementare Strukturen

Die Statistiken zur demografischen Entwicklung in Deutschland sind eindrücklich: Laut Statistischem Bundesamt hatte im Jahr 2017 mit insgesamt 19,3 Millionen Menschen ca. ein Fünftel der Gesamtbevölkerung in Deutsch-

---

195 Michael Matzner (Hg.), Handbuch Migration und Bildung, Weinheim/Basel 2012.
196 Stellvertretend für weitere: ZPT. Themenheft »Flucht und Migration«, 69 (2017); Annegret Reese-Schnitker/Daniel Bertram/Marcel Franzmann, Migration, Flucht und Vertreibung. Theologische Analyse und religionsunterrichtliche Praxis, Stuttgart 2018; Mirjam Schambeck/Sabine Pemsel-Maier (Hg.), Welche Werte braucht die Welt? Wertebildung in christlicher und muslimischer Perspektive, Freiburg 2017; Themenheft: Migration, Religion und Bildung. Wege zu einer migrationssensiblen Religionspädagogik. In: Theo-Web. Zeitschrift für Religionspädagogik 16 (2017) Heft 2, online verfügbar.
197 Vgl. Lothar Kuld/Stefan Gönnheimer, Compassion. Sozialverpflichtetes Lernen und Handeln, Stuttgart u. a. 2000.

land einen Migrationshintergrund – Tendenz steigend.[198] Vor allem bei Kindern und Jugendlichen liegt dabei der Anteil noch weit höher. Ein Blick auf die jüngsten Zahlen macht deutlich: Über 40 % der ca. 1,3 Millionen Menschen, die seit dem Jahr 2015 in Deutschland einen Asylantrag gestellt haben, sind im schulrelevanten Alter von 6–25 Jahren. Die Schule ist somit der Ort, an dem gesamtgesellschaftliche Entwicklungen und Veränderungen besonders deutlich sichtbar werden: Hier treffen Kinder und Jugendliche ganz unterschiedlicher Herkunft, Sozialisation, politischer Prägung und auch Religion aufeinander. Zudem weist die religiöse Vielfalt im Klassenzimmer eine hohe Komplexität auf, die Lehrkräfte gerade auch außerhalb des Religionsunterrichts vor enorme Aufgaben stellt: Schülerinnen und Schüler mit Migrationshintergrund bringen ihre eigenen Erfahrungen und Haltungen in den Unterricht mit. Da Religion im Migrationsprozess häufig eine tragende Rolle zufällt – im positiven Falle empfunden als emotionaler Halt, ein Gefühl von intakter Gemeinschaft oder Identifikation mit der eigenen Kultur –, sollte dies auch im Religionsunterricht aufgenommen werden. Unter Umständen kann die eigene Religion aber auch Fluchtursache gewesen sein, sodass negative Erfahrungen im Vordergrund stehen. Dies macht deutlich, dass die Schule als Lebensraum und der Religionsunterricht im Besonderen mit komplexen Formen von gelebter Religiosität konfrontiert sind, die mitunter als ein »zu viel« empfunden werden.[199]

Mit Blick auf die Bildungspläne wird deutlich, dass das Thema Migration zwar nicht explizit, aber doch implizit auch durch viele biblische Themen präsent ist. Hier liegt eine große Chance darin, biblische Geschichten verstärkt unter einer migrationssensiblen Perspektive zu lesen, denn die Bibel ist geradezu als *Migrationsliteratur* par excellence zu verstehen. Biblische Geschichten sind vielfach im Kontext von Flucht und Vertreibung, Aufbruch und Wanderschaft, Deportation und Exil verfasst worden und haben identitätsstiftenden Charakter, wie die Erzählung von der Flucht aus Ägypten für das Volk Israel zeigt. Für Schülerinnen und Schüler der Oberstufe steht vermutlich das historische Gewordensein der biblischen Texte nicht primär im Vordergrund des Interesses. Jedoch können das Phänomen der Migration und die damit verbundenen Gefühle und Ängste, wie z. B. der Umgang mit Fremdem und Fremden, empfundener Verlust und Angst vor der Zukunft, aufgrund der historischen Distanz unter einer elementarisierenden Perspektive Problemlösungsstrategien bereithalten, die in der

---

198 www.destatis.de/DE/PresseService/Presse/Pressemitteilungen/2018/04/PD18_133_12521.html (abgerufen am 07.09.2018).

199 Vgl. dazu Henrik Simojoki, Irritierender Identitätsanker. Die Religiosität von jungen Geflüchteten als Aufgabe und Herausforderung schulischer Bildung. In: Loccumer Pelican 3 (2016), 111–115.

aktuellen Diskussion zu kurz kommen. So ließen sich Fragen nach einer gerechten Gesellschaft, dem Umgang mit individuellem Ethos oder der Prävention von Gewalt – auch bei nicht selbst erlebten Migrationserfahrungen – durchaus innovative und inspirierende Antwortmöglichkeiten abgewinnen. Schülerinnen und Schüler, die keiner Religionsgemeinschaft angehören, können ebenfalls begreifen, warum die Präsenz Gottes angesichts erlebten Leids, Vertreibung und Ablehnung im Ankunftsland für religiöse Menschen ein Anker der Hoffnung sein kann.

Für unterrichtliche Zusammenhänge stellt das Verschwimmen von eindeutiger Zugehörigkeit in der gegenwärtigen Gesellschaft sowohl Schülerinnen und Schüler als auch Lehrerinnen und Lehrer vor enorme Herausforderungen. Der Schule wird in Zukunft verstärkt die zentrale Bildungsaufgabe zufallen, bei der Suche nach Orientierung Hilfestellung zu leisten. Dabei wird auch der Religionsunterricht eine tragende Rolle spielen, weil sich erstens Ursachen von Migration häufig im Kontext von Religion bewegen und zweitens der Religionsunterricht der Ort sein kann, an dem die Fähigkeit, religiös kompetent Auskunft über die eigene und die fremde Religion zu geben, eingeübt werden kann.

Aus religionspädagogischer Perspektive ist vor allem die Frage zentral, was die oben beschriebenen gesellschaftlichen Veränderungen für die Ausbildung der eigenen Identität bedeuten, denn das Individuum ist zumeist auf sich selbst gestellt, um die Kohärenz seiner Identität herzustellen. Hilfreich ist für die Erschließung der elementaren Strukturen die Identitätstheorie von Keupp, die das Problem schärfer konturiert.[200] Für den Sozialpsychologen stellt die biografische Selbsterzählung das zentrale Medium der Identitätsarbeit in der Spätmoderne dar. Identität bildet sich demnach vor allem dadurch aus, dass man die auseinanderlaufenden Fäden der eigenen Lebensgeschichte zu einer eigenen »Story« zusammenbindet. Keupp betont dabei die notwendige Dialogizität solcher Erzählprozesse. Die individuellen Narrationen sind auf Resonanzen angewiesen; sie wirken nicht per se identitätsbildend, sondern nur dadurch, dass sie anderen erzählt werden, die ihrerseits Einfluss auf die individuelle Konstruktionsarbeit nehmen. Der Schule kann so eine wichtige Funktion für religiöse Bildungsprozesse zukommen, indem sie die Alltagserfahrungen von Kindern und Jugendlichen aufnimmt und ihnen hilft, die spannungsvollen mosaikartigen Eindrücke in einen stimmigen Zusammenhang zu bringen (vgl. ausführlich unten zu den elementaren Lernformen).

Schließlich weist das Thema Migration zweifelsohne eine hohe politische Brisanz auf, wie etliche Stellungnahmen und Positionspapiere auch vonseiten der

---

200 Vgl. ausführlich: Heiner Keupp u. a., Identitätskonstruktionen. Das Patchwork der Identitäten in der Spätmoderne, Hamburg [4]2008.

Kirchen verdeutlichen.[201] Angesprochen werden ethisch-theologische Herausforderungen, vor die sich die demokratische Gesellschaft als Ganze gestellt sieht. Stellvertretend für andere ist hier das EKD Positionspapier »... und ihr habt mich aufgenommen. Zehn Überzeugungen zu Flucht und Integration aus evangelischer Sicht« aus dem Jahr 2017 zu nennen.[202]

Es sei noch auf zwei Fragen hingewiesen: Die erste Frage betrifft die Reaktionen in den aufnehmenden Gesellschaften, die mitunter durch starke Abwehr gekennzeichnet sind, auch in religiöser Hinsicht (Neonationalismus, Anti-Islamismus usw.). Die zweite, überaus komplexe Frage bezieht sich auf die Ursachen von Migration und Flucht, einschließlich der heute zum Teil erhobenen Vorwürfe im Blick auf den Kolonialismus früherer Zeiten sowie der Suche nach Möglichkeiten, die Lebensverhältnisse etwa in Afrika zu verbessern.

7.3 Woher komme ich, wohin gehe ich? Elementare Erfahrungen

Die Kinder und Jugendlichen, die aus Kriegsgebieten nach Europa gekommen sind, haben aufgrund ihrer Fluchterfahrungen vielfältige, mitunter starke Traumata. Therapien, die eine längerfristige Linderung oder Aufarbeitung dieser traumatischen Erfahrungen bewirken, können primär nicht im Aufgabenbereich der Schule liegen, sondern bedürfen fachkundiger Begleitung von außen.[203] Nichtsdestotrotz ist für viele Kinder und Jugendliche die Schule ein zentraler Ort, um wieder erste Gehversuche in Freiheit zu machen. Im Rahmen der Möglichkeiten gibt es in der Schule vielfältige Angebote zur Unterstützung, die oft von Religionslehrerinnen und -lehrern getragen werden. Wenn es der Schule gelingt, einen sicheren Ort zu bieten, an dem traumatisierte Kinder Resilienz aufbauen und ihr Selbstbewusstsein stärken können, ist damit schon ein wichtiger Schritt in die richtige Richtung getan.[204]

---

201 Vgl. hierzu: Arnulf von Scheliha, Ethische Herausforderungen in der gegenwärtigen Flüchtlingskrise. In: ZPT 69 (2017), 14–25.
202 www.ekd.de/Zehn-Ueberzeugungen-Flucht-und-Integration-14970.htm (abgerufen am 07.09.2018).
203 Vgl. hierzu: Helga Kohler-Spiegel, Traumatisierte Kinder in der Schule. Verstehen – auffangen – stabilisieren, Ostfildern 2017; dies., Ein Schutzschirm für die Seele traumatisierter Kinder. Für einen hilfreichen Umgang mit geflüchteten Kindern im pädagogischen Kontext. In: Reese-Schnitker u. a., Migration, Flucht und Vertreibung, 123–138; Alexander Korittko, Posttraumatische Belastungsstörungen bei Kindern und Jugendlichen, Heidelberg 2016.
204 Klaus Fröhlich-Gildhoff/Maike Rönnau-Böse, Resilienz, München ³2014; Helga Kohler-Spiegel, Jung und resilient. Bindungserfahrung und Persönlichkeitsentwicklung im Kontext religiöser Bildung. In: Reinhold Boschki u. a. (Hg.), Person – Persönlichkeit – Bildung. Aufgabe

Für einen migrationssensiblen Religionsunterricht ist es zentral, auf die verschiedenen Reaktions- und Verarbeitungsformen aufmerksam zu machen, die einander im Unterricht aufgrund unterschiedlicher (religiöser) Erfahrungen – explizit oder implizit – begegnen. Selbst in einer Klasse können mehrere Formen in unterschiedlicher Ausprägung vorkommen. Im Folgenden wird exemplarisch eine Typologie von Josef Freise angeführt, die sich vor allem auf Reaktionsformen muslimischer Jugendlicher in Bezug auf den Umgang mit ihrer Religion bezieht. Diese Zusammenstellung kann bei der Analyse und Vorbereitung von Unterricht insofern hilfreich sein, als christliche Schülerinnen und Schüler diesen Verarbeitungsformen sowohl im Alltag als auch in der Schule häufig begegnen. Freise stellt schematisiert sechs Typen heraus.[205]

(1) »Flucht vor Religion«: Zahlreiche Geflüchtete aus Syrien und dem Irak sind seit 2014 vor dem Islamischen Staat geflohen. Viele von ihnen möchten im Ankunftsland bewusst nichts mehr mit ihrer Religion zu tun haben, da sie mit Religion Unterdrückung, Angst und Verfolgung verbinden. Manchmal scheint die Konversion zum Christentum die einzige Möglichkeit, um Religion wieder etwas Positives abgewinnen zu können, wobei im christlichen Religionsunterricht streng darauf zu achten ist, dass es nicht zu Missionierungsversuchen kommt.

(2) »Religion als Ressource«: Hier stärkt Religion das Wir-Gefühl unter den Geflüchteten, welches eine Verbindung in die Heimat herstellt und als Ressource im Ankunftsland gebraucht wird. Das miteinander erlebte Leid und die gemeinsamen Gebete – z. B. auf der Flucht oder in Gefangenschaft – sind für das sogenannte Exils-Wir identitätsstiftend.

(3) »Religion als portable Heimat in der Fremde«: Durch muttersprachliche Gebete und Lieder werden heimatliche Erinnerungen geweckt, die ein Gefühl der Zusammengehörigkeit, Sicherheit und Beheimatung evozieren.

(4) »Religion als Barriere für Integration«: Khorchide und Freise sehen in dieser Haltung die größte Herausforderung für die Schule, denn die zunehmende islamfeindliche Haltung in der Gesellschaft führt dazu, dass sich Jugendliche abkapseln und eine »Schalenidentität« entwickeln, die äußerlich stark zu sein scheint, innerlich aber weich und hohl ist, da sie wenig Wissen über die eigene

---

und Möglichkeiten des Religionsunterrichts an beruflichen Schulen, Münster/New York 2017, 55–67; Insa Fooken/Jürgen Zinnecker (Hg.), Trauma und Resilienz. Chancen und Risiken lebensgeschichtlicher Bewältigung von belasteten Kindheiten, Weinheim/München 2007.
205 Vgl. Josef Freise, Religion als portable Heimat? Religiöse Werteentwicklung in Migrationsprozessen. In: Schambeck/Pemsel-Maier, Welche Werte braucht die Welt?, 58–75, hier 68 ff.

Religiosität besitzen.[206] Jugendliche, die zu dieser Reaktionsform tendieren, sind für extremistische Bewegungen und Gruppierungen besonders anfällig. Die Unvereinbarkeit von kulturell-religiösen Traditionen aus dem Herkunftsland mit den Bräuchen im Aufnahmeland scheint für diese Jugendlichen unüberbrückbar zu sein und kann zur Radikalisierung führen.

(5) »Religion im Wandlungsprozess als Teil der persönlichen Identitätsentwicklung und der sozialen Integration«: Jugendliche überprüfen und hinterfragen traditionelle Gewohnheiten im Aufnahmeland dahingehend, ob diese für den eigenen Integrationsprozess oder die eigene Individualität hilfreich oder hinderlich sein können. Dies kann bewusst oder unbewusst, reflektiert oder spontan passieren.

(6) »Religion und gesellschaftliche Partizipation«: Jugendliche, die dieser Gruppe angehören, engagieren sich öffentlich in Verbänden und Organisationen für Religion und setzten dies auch auf politischer Ebene in bundesweiten Projekten wie »Demokratie leben!« um.[207] Religion ist für diese Jugendlichen keine Privatangelegenheit, sondern wird bewusst als Teil zivilgesellschaftlichen Engagements verstanden.

Die Erschließung der elementaren Erfahrungen der Schülerinnen und Schüler in Bezug auf das Thema Migration und Religion erfordert eine genaue Situationsanalyse. Folgende Fragen können im Vorfeld hilfreich sein: Welche Erfahrungen liegen bei christlichen, welche Erfahrungen bei nicht-christlichen Schülerinnen und Schülern vor? Dominiert eine bestimmte Haltung oder Auffassung das Meinungsbild? Wie sehen die Begegnungen im Alltag konkret aus? Inwiefern sind die Meinungen der Schülerinnen und Schüler medial beeinflusst oder basieren sie auf interpersonellen Begegnungen im Alltag bzw. in der Schule? Wenn diese und weitere Fragen geklärt sind, lässt sich Unterricht so vorbereiten, dass er der Lebensbedeutsamkeit des Themas von Kindern und Jugendlichen gerecht wird.

---

206 Josef Freise/Mouhanad Khorchide, Herausforderungen und Perspektiven für die interkulturelle und interreligiöse Praxis in Bildung, Sozialer Arbeit und Seelsorge. In: Dies. (Hg.), Interreligiosität und Interkulturalität. Herausforderung für Bildung, Seelsorge und soziale Arbeit im christlich-muslimischen Kontext, Münster 2011, 195–210, 198.
207 Bundesministerium für Familie, Senioren, Frauen und Jugend (Hg.), »Muslimische Jugend – Friedliche Zukunft« (www.demokratie-leben.de, abgerufen am 06.09.2018).

7.4 Religion als Identitätsanker oder Identitätshindernis? Elementare Zugänge

Die schlichte, besonders in Deutschland gerne gestellte Frage »Woher kommst du?«, die häufig ein kurzes Gespräch eröffnet, kann für viele Menschen zu einer echten Herausforderungen werden, wollen sie ehrlich Auskunft über ihre kulturellen, nationalen oder geografischen Wurzeln geben. Um stereotypen Vorurteilen vorzubeugen, wird für den Einzelnen rasch deutlich, dass sich eine subjektive Selbstverortung in der gegenwärtigen Gesellschaft nicht so einfach vollziehen lässt; denn ist die Migration zunächst einmal abgeschlossen, beginnen erst die Identitätsbildungsprozesse im Ankunftsland und werden die neuen sozialen, kulturellen und politischen Transformationen deutlich.[208] Die häufig verwendeten soziologischen Begriffe wie Patchwork-Identität oder religiöse Bricolage erwecken den Eindruck, hier handle es sich um eine selbstgebastelte Kombination von religiösen und kulturellen Kontexten. Die Komplexität von subjektiv empfundenen Zugehörigkeiten sieht in der Realität oft anders aus und kann mitunter zu einer Orientierungslosigkeit oder Identitätskrise führen, bei der Religion keineswegs einen »Identitätsanker« darstellt, sondern zu einem Integrationshindernis werden kann (vgl. elementare Erfahrungen).

Der klassische entwicklungspsychologische Begriff der *Identität* gewinnt unter einer migrationssensiblen Perspektive völlig neue Facetten, die oft verharmlost oder unterschätzt werden. Die Verschmelzung oder auch »Verfilzung« von Zugehörigkeiten stellt gerade junge Menschen vor enorme Entscheidungsprozesse, da sie die Kohärenz ihrer Identität selbst herstellen müssen und sich selten an Vorbildern orientieren können. Aus (religions-)didaktischer Sicht besteht an dieser Stelle großer Nachholbedarf.

Bei der Analyse der elementaren Zugänge kann beim Thema Migration und Religion nicht wie bei vielen anderen Themen auf entwicklungspsychologische oder kognitionspsychologische Studien zurückgegriffen werden. Vielmehr können hier Umfragen und Analysen herangezogen werden, die ein Meinungsbild bestimmter Altersgruppen widerspiegeln. Einen Eindruck von der gegenwärtigen Stimmungslage in Deutschland lässt sich beispielsweise an den Ergebnissen des Religionsmonitors ablesen, der sich u. a. auch auf die Einstellungen der autochthonen Bevölkerung in Bezug auf die Mitbürgerinnen und Mitbürger mit Migrationshintergrund, im Besonderen mit muslimischen

---

208 Naika Foroutan, Postmigrantische Gesellschaften. In: Heinz U. Brinkmann/Martina Sauer (Hg.), Einwanderungsgesellschaft Deutschland. Entwicklung und Stand der Integration, Wiesbaden 2016, 227–254, hier 232.

Wurzeln, bezieht. Trotz der beschriebenen Herausforderungen für Schülerinnen und Schüler sowie Lehrerinnen und Lehrer ist ein Ergebnis besonders erfreulich: Im Generationenvergleich fällt die Stimmungslage innerhalb der jüngeren Bevölkerung auf die Frage nach Ablehnung und Offenheit den Neubürgern gegenüber deutlich positiver aus. Eine Frage im Religionsmonitor 2015 lautet: »Wenn Sie an die Religionen denken, die es auf der Welt gibt: Als wie bedrohlich bzw. wie bereichernd nehmen Sie die folgenden Religionen wahr? Islam«[209]. 38 % der 16–24-Jährigen geben an, der Islam sei bereichernd – im gleichen Spektrum bewegt sich allerdings auch die ablehnende Haltung. Unter den 55–69-Jährigen sieht dies ganz anders aus: Hier sagen 60 %, der Islam sei bedrohlich, und nur 22 % nehmen ihn als bereichernd wahr. Dennoch müssen bei der religionspädagogischen Arbeit auch Vorurteile bei jungen Menschen noch mehr in den Blick genommen werden, als dies bislang weithin üblich ist.

7.5 Wissen um die eigenen Grenzen: Elementare Wahrheiten

Die aktuelle Situation von Migration in Deutschland, die spätestens seit dem Sommer 2015 für alle Geschlechter und Generationen viel Diskussionsbedarf aufgeworfen hat, stellt das bisherige Wertesystem grundlegend infrage. Sicher geglaubte Erklärungen bezüglich eines gerechten und offenen Deutschlands lassen sich nicht mehr so leicht beantworten angesichts der Frage, wie viel Fremdes und Fremde ein Land verträgt. Das Thema Migration und Religion bringt komplexe Herausforderungen mit sich, denen sich auch Religionslehrerinnen und -lehrer sowie Schülerinnen und Schüler stellen müssen. In der Vorbereitung zu diesem Thema sollten sich die Religionslehrkräfte auch selbst dazu befragen, welche Erfahrungen, Gefühle und auch (Vor-)Urteile sie angesichts der Bilder von Flucht und Migration bewegen. Hierbei geht es darum, die eigenen Empfindlichkeiten wahrzunehmen, zu deuten und sich dem Fremden auszusetzen. Nur so kann es gelingen, eine differenzierte und inhaltliche Fokussierung auf den jeweiligen Sachverhalt zu gewinnen, um die Schülerinnen und Schüler selbst zu einer verantwortbaren Positionierung angesichts der Migrationsbewegungen zu befähigen.

Eine hohe Anforderung liegt zudem darin, das Thema Migration anhand von Wertebildung zu thematisieren. Ethische Orientierungen in Bezug auf Fremde und Fremdes werden im Kontext der Bibel (z. B. Nächstenliebe und Gastfreundschaft), in der christlichen Tradition (Umgang mit Fremden) oder unter kir-

---

[209] Kai Hafez/Sabrina Schmidt, Die Wahrnehmung des Islams in Deutschland. Religionsmonitor (Bertelsmann Stiftung), Gütersloh ²2015.

chengeschichtlichen Aspekten (etwa den christlichen Migrationsbewegungen) angeboten. Die darin enthaltenen Herausforderungen sollen im Unterricht nicht geglättet oder verkürzt werden, sondern müssen sowohl im Blick auf die Schwierigkeiten und Probleme von Migration als auch die Chancen und die wirtschaftlichen Vorteile, die Migranten zumindest langfristig für ein Einwanderungsland bringen können, differenziert thematisiert werden. Neben den eigenen Überzeugungen der Lehrperson sollen die Überzeugungen der Kinder und Jugendlichen dialogisch aufgenommen werden. Die Reaktionsformen im Umgang mit Fremden und Fremdem können bei Kindern und Jugendlichen ganz unterschiedlich ausfallen. Das Spektrum reicht einerseits von großer Neugier, Begeisterung und der Auffassung, religiöse Differenz als Chance zu begreifen, bis hin zu Ablehnung, Ausgrenzung und Angst andererseits.

Bilanzierend kann festgehalten werden: Das Thema Migration betrifft alle Bevölkerungsschichten und jedes Alter. Für die Zivilgesellschaft wird es in Zukunft unabdingbar sein, in einen Aushandlungsprozess über plurale Werte einzusteigen und die Frage, wie unhintergehbare Grundwerte im Horizont des Grundgesetzes in veränderten gesellschaftlichen und kulturellen Kontexten gedeutet werden können, diskursiv zu erörtern.

7.6 Wie gelingt ein Perspektivwechsel? Elementare Lernformen

Das Thema *Migration und Religion* verlangt im Unterricht nach Formen des Lehrens und Lernens, die der Komplexität des Themas gerecht werden. Hier gilt es nicht nur kognitive Fähigkeiten zu fördern, sondern insbesondere affektive und handlungsorientierte kreative Möglichkeiten in der Unterrichtsvorbereitung zu berücksichtigen, die im Anschluss an die pädagogisch-didaktische Methodik gewählt werden. Zahlreiche Unterrichtsmaterialien, die in jüngerer Zeit zum Themenkomplex »Migration und Religion« erschienen sind, verfolgen eher einen *problemorientierten*[210] oder *diakonischen*[211] Ansatz. Ein problemorientierter Ansatz kann in der Oberstufe z. B. auf systematisch-theologische Fragen einer Gesinnungs- und Verantwortungsethik zielen, die im Spannungsfeld von kirchlichen Stellungnahmen und politischen Positionen zu erörtern wären. Ein diakonischer Ansatz ließe sich in Form von Projekten in (Hilfs-)Organisationen oder sozialen Einrichtungen umsetzen, indem Schülerinnen

---

210 Thorsten Knauth, Problemorientierter Religionsunterricht. Eine kritische Rekonstruktion, Göttingen 2003, hier 331–354.
211 Vgl. hierzu die Darstellung von: Martina Kumlehn, Perspektivenwechsel und narrative Verdichtung: Hermeneutische Zugänge zum Thema Flucht im Religionsunterricht. In: ZPT 69 (2017), 48–58, hier 50 f.

und Schüler entweder verschiedene Angebote kennenlernen, oder – so wäre es wünschenswert – selbst Erfahrungen im Rahmen eines Sozialpraktikums sammeln. Verschiedene Bundesländer wie z. B. Bayern verfolgen das Konzept des Diakonischen Lernens, bei dem Schülerinnen und Schüler Erfahrungen an kirchlichen Lernorten sammeln können. Neben der Förderung von Empathie und Prosozialität soll dadurch langfristig auch die Schulkultur verändert werden. Neben den gewonnenen Erfahrungen sind die anschließenden Auswertungsgespräche und Reflexionen im Unterricht zentral für diesen Ansatz.

Die Auswahl der folgenden Lernformen ist einer Didaktik verpflichtet, die besonders auf den *Perspektivwechsel* abhebt.[212] Dieser Ansatz eignet sich für die vorliegende Thematik deshalb besonders gut, da hier »religiöse Traditionen nicht auf ihr Antwort- und Problemlösungspotential reduziert werden, sondern religiöse Praktiken in ihrer (auch verstörend fremden) Eigenart thematisiert werden«[213]. Ziel dieses Ansatzes ist es, die subjektive Wahrnehmung von Wirklichkeit durch die Perspektiven anderer zu brechen, zu irritieren oder neu zu initiieren, um dann in einem weiteren Schritt möglicherweise »das Eigene im Fremden und das Fremde im Eigenen zu entdecken«.[214] Inwiefern der Perspektivwechsel auch zu einer Perspektivübernahme führen kann, hängt von der inneren Bereitschaft der Schülerinnen und Schüler bzw. der Lehrenden ab.[215]

Der Duktus einer Unterrichtssequenz zum Thema »Migration und Religion« sollte zunächst wahrnehmungsorientiert ausgerichtet sein, um bei den Schülerinnen und Schülern Sensibilität für Konfliktfelder zu schärfen. Zurückhaltung ist geboten, wenn Schülerinnen und Schüler im Unterricht selbst Fluchterfahrungen gemacht haben, denn dann müssen alle didaktischen Schritte daraufhin überprüft werden, ob nicht eigene, mitunter traumatische Erinnerungen wachgerufen werden und verstörend wirken können (vgl. oben

---

212 Kumlehn beschreibt diesen Ansatz wie folgt: »Eine kognitiv, affektiv und pragmatisch verstandene Didaktik des Perspektivwechsels bezieht sich nicht nur auf die Unterscheidung von religiöser Rede und Reden über Religion und eine ›religiöse Perspektivübernahme‹ im Kontext interreligiösen Lernens, sondern will Schülerinnen und Schüler unter Rückgriff auf verschiedene Sichtweisen und Zugänge im Kontext eines Themas dazu befähigen, sowohl andere Menschen in ihrem Denken, Fühlen und Handeln genauer wahrzunehmen und ohne Vereinnahmung so weit wie möglich zu verstehen als auch durch veränderte Blickwinkel die Selbstwahrnehmung zu differenzieren und damit die Kompetenz der Selbstreflexion stärken.« Perspektivenwechsel und narrative Verdichtung, 52.
213 David Käbisch, Transnationale religiöse Praktiken in der Migrationsgesellschaft: historisch – soziologisch – unterrichtspraktisch. In: ZPT 69 (2017), 59–69, 63.
214 Martina Kumlehn, Perspektivenwechsel, 52.
215 Vgl. hierzu: Friedrich Schweitzer/Magda Bräuer/Reinhold Boschki (Hg.), Interreligiöses Lernen durch Perspektivübernahme. Eine empirische Untersuchung religionsdidaktischer Ansätze, Münster/New York 2017.

zu den elementaren Erfahrungen). Auf der Grundlage eines erweiterten Verständnisses für Flucht und Migration können dann im Verlauf der Unterrichtseinheit produktive und handlungsorientierte Methoden hinzukommen. Bei alldem muss auch Raum für kontroverse Fragen bleiben, da nicht einfach davon auszugehen ist, dass beispielsweise nicht auch Vorurteile in der Lerngruppe vorhanden sind.

Die folgenden kreativen Lernformen sind so ausgewählt, dass immer wieder ein Perspektivwechsel eingeübt werden kann.

(1) *Biografische Erzählkontexte:* Wie bereits in den elementaren Zugängen dargelegt, stellt die Methode des biografischen Erzählens der eigenen »Story«[216] eine zentrale Herangehensweise dar. Zwei Projekte, die sich mit der Narration von Biografien befassen, sollen hier skizziert werden. Das erste Projekt ist ein preisgekröntes multimediales Geschichtenprojekt des Bayerischen Rundfunks, das unter dem Titel »Here's my story« abrufbar ist.[217] In zahlreichen Erzählungen werden persönliche Antworten von Kindern und Jugendlichen auf die Fragen »Wer bin ich?«, »Wo sind meine Wurzeln?«, »Was ist mir wichtig?« und »Wo liegen meine Stärken?« aufgeführt. Jugendliche aus Mittelschulen in der Berufsorientierung und aus Flüchtlingsklassen an beruflichen Schulen reflektieren in kurzen Spots ihre kulturelle und biografische Identität. Auch wenn die Möglichkeit der Mitarbeit an diesem Großprojekt nicht allen Klassen möglich ist, so lässt sich mit der Methode des Erzählens der eigenen Biografie ein hohes Maß an Empathie und Teilhabe für den Unterricht einfangen und eine vertiefte Form des Verstehens für die Perspektiven anderer eröffnen. Die elementare Erfahrung ist dabei, dass Kinder mit Migrationshintergrund in der Aufnahmegesellschaft Gehör finden und erfahren, dass sie mit ihren Geschichten zugehörig sind. Nur so lassen sich neue Geschichten miteinander erleben.

Unter dem Titel »With wings and roots« stellt das zweite Projekt als transnationale Initiative »Geschichten von Zugehörigkeit« zusammen, die auf einer interaktiven Website – auch unter dem Stichwort Glaube – einsehbar sind.[218] Da das Alter der Befragten im Bereich der Oberstufenschülerschaft liegt, kann es gelingen, dass diese biografischen Dokumente ein authentisches und damit überzeugendes Bild von Migration in den Unterricht transportieren. In der Diskussion über die Biografien sollte ein vielstimmiger Resonanzraum entstehen,

---

216 Inwiefern der Begriff »Story« für Flucht- und Migrationserfahrungen geeignet ist, sollte diskutiert werden. Er findet sich zumeist als Begriff für die Methode des biografischen Erzählens.
217 Einsehbar unter: www.br.de/unternehmen/inhalt/medienkompetenzprojekte/mystory/heresmy-story-110.html (abgerufen am 06.09.2018).
218 Https://reimaginebelonging.de (abgerufen am 06.09.2018).

der neben verschiedenen Deutungen auch viele Impulse für die eigene Identitätsarbeit freisetzen kann.

(2) *Literarische Erzählkontexte:* Mitunter können filmische Interviews und Dokumentationen als zu dicht am eigenen Leben empfunden werden, sodass sich als Mittel zur Distanzierung eher Kinder- und Jugendbücher anbieten.[219] Weiterführend und im Blick auf den Perspektivwechsel besonders wirksam ist auch die Möglichkeit, Schülerinnen und Schüler Texte aus der Perspektive junger Geflüchteter verfassen zu lassen. Wenn dabei auch eine erzählerische Ich-Perspektive verlangt wird, dürften die Identifikationen besonders stark ausfallen.

(3) *Direkte Kontakte herstellen und Begegnungsmöglichkeiten schaffen:* Eine konkrete Beschäftigung mit Fremden setzt auch die Begegnung mit Fremdem voraus. Erst im persönlichen Gespräch mit geflüchteten Menschen, Andersdenkenden oder Andersgläubigen können sich die eigene Wahrnehmung und das eigene Verstehen von Fremdem ausdifferenzieren. In Schulklassen, in denen es keine Flüchtlingskinder gibt, wäre es ratsam, Orte direkter Begegnung mit Menschen anderer Religionen und Kulturen punktuell zu gestalten, um in einen (interreligiösen) Dialog zu treten. Es gilt, einseitige Perspektiven auf Migration unter neuen Aspekten zu betrachten und einen Perspektivwechsel einzuüben.

7.7 Wurden die Ziele erreicht? Evaluation

Angesichts der aktuellen Folgen von Migration ist die Orientierungsbedürftigkeit heutiger Jugendlicher besonders ausgeprägt. Wie die elementaren Strukturen zeigen, ist die Suche nach der eigenen Identität und die Frage nach den eigenen Grenzen im Umgang mit Anderen eine große Herausforderung. Hilfreich im Blick auf die Evaluation und zugleich für die Sensibilisierung der Wahrnehmungsfähigkeit könnte folgende Fragestellung im Oberstufenunterricht sein:

> Machen Sie sich mit einer realen Geschichte eines geflüchteten Menschen gut vertraut. Nutzen Sie dazu Materialien aus dem Internet.[220]

---

219 Mirjam Zimmermann, Fluchtursache, Negativfolie, Orientierungsrahmen, Identitätsanker? – »Religion« in Kinder- und Jugendbüchern zum Thema Flucht. In: Theo-Web, Zeitschrift für Religionspädagogik 16 (2017), Heft 2, 60–74; am Ende des Beitrags findet sich eine Übersicht über zahlreiche Kinder- und Jugendbücher.

220 Hier können z.B. Ausschnitte aus Biografien, aus Rundfunkprojekten (siehe Fußnote 217) oder kurze Videoausschnitte, die u.a. auch zum Thema Glaube zusammengestellt sind, ein möglicher Zugang sein (https://reimaginebelonging.de/geschichten/?topics=glaube, abgerufen am 06.09.2018).

a) Welche Erinnerungen oder Situationen wählt die Person für die Re-Konstruktion seiner/ihrer Biografie aus?
b) Welche Gefühle beschreibt sie?
c) Hat Sie etwas von dem Gesagten überrascht oder irritiert?
d) Was würden Sie dieser Person sagen oder empfehlen und worin würden Sie sie bestärken?
e) Beschreiben Sie abschließend mit zwei Schlagworten, was im Leben Ihre »Wurzeln« und was Ihre »Flügel« sind.

8. Gibt es ein Leben nach dem Tod? – Zum Umgang mit Jenseitsvorstellungen (Klasse 9/10)

8.1 Ausgangspunkte – Orientierungen

Die Frage nach dem Sterben und was danach kommen mag stellt eine große Herausforderung dar. Wie geht es weiter, wenn ein Mensch gestorben ist? Gibt es ein Leben nach dem Tod? Sehen wir uns irgendwann einmal wieder? Derartige Fragen führen nicht selten zu Unsicherheit und zu ausweichenden Antworten. Der Umgang mit dem Sterben und Überlegungen dazu, ob mit dem Tod tatsächlich alles zu Ende ist oder ob es gar eine Fortsetzung des Lebens geben kann, gehören nicht in das Repertoire der alltäglichen Gesprächsthemen. Die Endlichkeit allen und somit auch des eigenen Lebens scheint oftmals nur schwer zu akzeptieren und der Verlust eines geliebten Menschen kaum begreifbar zu sein. Obwohl das Sterben als unausweichlicher Teil des Lebens im Grunde immerwährend präsent ist, unterliegt die Frage nach dem Tod und einem Leben danach häufig einer gesellschaftlichen Tabuisierung, die nicht zuletzt auch auf eine religiöse Sprachlosigkeit im Kontext der großen Sinnfragen zurückzuführen ist. Mit starken Emotionen wie Angst, Unsicherheit, Hoffnung und Hoffnungslosigkeit oder auch persönlicher Trauer behaftet, fällt die Auseinandersetzung damit schwer. Im Gegensatz zu allgemeingültigen und nachweisbaren Antworten, wie sie bei sogenannten Wissensfragen möglich sind, sind Aussagen über ein Leben nach dem Tod immer an bestimmte Glaubensüberzeugungen gebunden. Verschiedene Religionen und Weltanschauungen unterscheiden sich nicht zuletzt durch ihre jeweiligen Vorstellungen darüber, ob und in welcher Form es ein Leben nach dem Tod geben kann.

Als wesentlicher Bestandteil des christlichen Glaubens sollte das Thema »Leben nach dem Tod« im Religionsunterricht ausführlich zur Sprache gebracht werden, um den Schülerinnen und Schülern die Möglichkeit zu bieten, sich mit religionspädagogischer Begleitung mit dieser elementaren religiösen Sinnfrage auseinanderzusetzen und verschiedene Antwortmöglichkeiten zu reflektieren. In den Bildungsstandards für die Klassenstufe 9/10, auf die sich folgende Ausführungen beziehen, findet sich die Thematik »Tod und Sterben« zumeist im Kontext von Jesu Tod und Auferstehung. So sehen die Kompetenzbeschreibungen im Bildungsplan Gymnasium Baden-Württemberg beispielsweise vor, »die Bedeutung von Tod und Auferstehung Jesu Christi für den christlichen Glauben« zu beschreiben und das christliche »Verständnis von Tod und Auferstehung« mit anderen religiösen und philosophischen, insbesondere auch reinkarnatorischen Vorstellungen zu vergleichen. Darüber hinaus begegnen Kompetenzformulierungen bezüglich der Analyse des persönlichen und gesellschaftlichen Umgangs mit Sterben, Tod und Trauer in unserer Gesellschaft, der Darstellung unterschiedlicher Deutungen der Wirklichkeit anhand von Beispielen wie Tod und Sterben, zum Zusammenhang von existenziellen Herausforderungen wie Krankheit, Verlust und Tod mit Fragen nach Zufall, Schicksal und dem Wirken Gottes sowie zu Ausdrucksformen der Hoffnung, des Trostes und des Zuspruchs angesichts von Sterben und Tod. Trotz ihrer unmittelbaren theologischen und entwicklungspsychologischen Relevanz scheinen eschatologische Themen im Kontext der Bildungsplanvorgaben jedoch keine zentrale Stellung einzunehmen.[221]

An Ratgebern, Hilfen und Handreichungen für den Umgang mit Sterben und Tod sowie für Prozesse der Trauerwahrnehmung und -begleitung im Raum der Schule mangelt es hingegen nicht. Die meisten Veröffentlichungen beziehen sich dabei auf psychologische Erkenntnisse zu Erfahrungen von Sterben und Tod sowie auf damit verbundene Ängste, Sehnsüchte, Schuld- und Trauergefühle.[222]

Auch empirische Studien befassen sich mit der Frage, wie Schülerinnen und Schüler mit dem Tod umgehen und welche Vorstellungen sie über das Sterben und den Verbleib der menschlichen Seele entwickeln. Da sich die bislang

---

221 Vgl. dazu auch: Werner Ritter, Fehlt die Eschatologie in heutiger Bildung? Eine theologisch-religionspädagogische Problemanzeige. In: Lars Bednorz/Olaf Kühl-Freudenstein/Magdalena Munzert (Hg.), Religion braucht Bildung – Bildung braucht Religion, Würzburg 2009, 311–324; Henrik Simojoki, Kompetenz in Anbetracht des Todes. Elementarisierende Erkundung eines Grenzfalls. In: Friedrich Schweitzer (Hg.), Elementarisierung und Kompetenz. Wie Schülerinnen und Schüler von »gutem Religionsunterricht« profitieren, Göttingen ⁴2018, 75–88; Was letztlich zählt – Eschatologie (JRP Bd. 26), Neukirchen-Vluyn 2010; Monika Marose (Hg.), »Sterben, Tod und Trauer« im Religionsunterricht an berufsbildenden Schulen (BRU). Kompetenzen für Beruf und Leben, Münster/New York 2018.
222 Vgl. etwa: Joachim Wittkowski, Psychologie des Todes, Darmstadt 1990; ders., Sterben, Tod und Trauer: Grundlagen, Methoden, Anwendungsfelder, Stuttgart 2003; Veronika Arens, Grenzsituationen. Mit Kindern über Sterben und Tod sprechen, Essen 1994; Stephanie Witt-Loers, Sterben, Tod und Trauer in der Schule, Göttingen 2009.

vorliegenden Befragungen zu den eschatologischen Vorstellungen von Schülerinnen und Schülern allerdings nicht unmittelbar auf den Religionsunterricht beziehen, besteht in diesem Zusammenhang weiterer Bedarf an empirischer Unterrichtsforschung.[223] Zu repräsentativen Erkenntnissen im Kontext der Konfirmandenarbeit kommt die Längsschnittstudie von Schweitzer u. a., in der die Überzeugungen Jugendlicher im Blick auf ein Leben nach dem Tod erfragt wurden.[224] Ebenso wie die Repräsentativstudie »Jugend – Glaube – Religion«[225] belegen die Befunde das außergewöhnliche und bleibende Interesse an eschatologischen Themen gerade von Jugendlichen im hier einschlägigen Alter.

Angesichts einer Vielzahl an wissenschaftlichen Veröffentlichungen, Unterrichtsentwürfen und insbesondere auch Kinderbüchern, die das Thema »Tod und Sterben« aufgreifen, erscheint es jedoch umso erstaunlicher, dass der Frage nach den konkreten Vorstellungen, was die Menschen nach ihrem Tod erwartet und wie ein Leben nach dem Tod aussehen könnte, auffallend wenig Aufmerksamkeit eingeräumt wird. Häufig besteht die einzige Hoffnungsperspektive darin, dass mit dem Tod eben nicht alles zu Ende ist und es »irgendwie« weitergehe. Zumindest in der Sekundarstufe I und II kommt die aus christlicher Sicht untrennbar mit dem Topos vom Leben nach dem Tod verknüpfte Auferstehungshoffnung nur selten zur Sprache.

---

223 Werner Thiede, Auferstehung der Toten – Hoffnung ohne Attraktivität? Grundstrukturen christlicher Heilserwartung und ihre verkannte religionspädagogische Relevanz, Göttingen 1991; Lothar Kuld/Ludwig Rendle/Ludwig Sauter, Tod – und was dann? Ergebnisse einer Umfrage unter Schülerinnen und Schülern im Bistum Augsburg. In: Religionspädagogische Beiträge 45 (2000), 69–88; Katrin Bederna, Was ist der Mensch? Eine qualitativ-empirische Studie zur Anthropologie Jugendlicher. In: Hans-Georg Ziebertz (Hg.), Praktische Theologie – empirische Methoden, Ergebnisse und Nutzen, Berlin 2011, 5–24; Katharina Druschel/Franziska Schmeier/Anna-Lena Surrey, Welche Vorstellungen haben Kinder der vierten Klasse vom Tod?, Kassel 2012; Volker Daut/Carina Schöllhorn, Wie reflektieren Kinder das Thema Sterben und Tod? Ausgewählte Ergebnisse einer qualitativen Studie mit körperbehinderten und nicht behinderten Kindern. In: Zeitschrift für Heilpädagogik, 2/2012, 62–69; Hildegard Bonse, »… als ob nichts passiert wäre.« Eine empirische Untersuchung über die Erfahrungen trauernder Jugendlicher und Möglichkeiten ihrer Begleitung durch die Schule, Ostfildern 2008.
224 Friedrich Schweitzer/Georg Hardecker/Christoph Maaß/Wolfgang Ilg/Katja Lißmann, Jugendliche nach der Konfirmation. Glaube, Kirche und eigenes Engagement – eine Längsschnittstudie, Gütersloh 2016.
225 Vgl. Friedrich Schweitzer u. a., Jugend – Glaube – Religion. Eine Repräsentativstudie zu Jugendlichen im Religions- und Ethikunterricht, Münster/New York 2018.

8.2 Auferstehung und ewiges Leben bei Gott: Elementare Strukturen

Als Glaubensbekenntnis der westlichen Christenheit bringt das Apostolikum in den Formulierungen nicht zuletzt den Glauben an die Auferstehung der Toten und an das ewige Leben zum Ausdruck. Basierend auf den biblischen Aussagen zur Verkündigung und Auferstehung Jesu[226] zielt die christliche Hoffnung darauf, dass der Mensch durch den Glauben in das ewige Leben und in die Gemeinschaft mit dem dreieinigen Gott hineingenommen wird.[227] Im Glauben an Jesus Christus kommt dieses Ereignis bereits gegenwärtig zum Tragen (»präsentische Eschatologie«) und steht zugleich in einem ebenso komplementären wie spannungsvollen Verhältnis zu den Ereignissen am Jüngsten Tag (»futurische Eschatologie«).

In religionsgeschichtlicher Hinsicht ist die Vorstellung einer unsterblichen Seele, die nach dem Tod weiterlebt oder auch in einen neuen Körper Eingang findet, weit verbreitet. Der Gedanke einer leiblichen Auferstehung wirkt hingegen oftmals befremdlich und hängt mit der Auffassung davon zusammen, was den Menschen als Person ausmacht und was im Sterben mit ihm geschieht. Während der biblischen Tradition weniger die Unsterblichkeit der Seele als vielmehr die Vorstellung einer leiblich-seelischen Ganzheit entspricht, ist der letztlich auf den Platonismus zurückgehende Dualismus von Leib und Seele zwischenzeitlich auch in der christlichen Anthropologie verwurzelt.[228] Demnach überdauert die Seele aufgrund ihrer Unsterblichkeit die im Tod vollzogene Trennung vom menschlichen Leib. In Abgrenzung dazu folgen manche Stimmen in der zeitgenössischen Theologie hingegen der nicht unumstrittenen These vom sogenannten Ganztod, wie sie schon von Karl Barth und anderen vertreten wurde.[229] Sie verstehen die Auferstehung der Toten als radikale Neuschöpfung durch Gott, der die Kontinuität und Identität zwischen irdischem und ewigem Leben gewährleistet – »ohne dass es dafür einer unsterblichen Seele als den Tod überdauernder Substanz bedürfte«[230]. Diese Position gilt mittlerweile jedoch eher als überholt.[231] Insbesondere angelsächsische, aber auch kontinentaleuropäische protestantische Theologen reflektieren den Gedanken einer unsterblichen Seele

---

226 Vgl. bspw. 1 Kor 15,20: »Nun aber ist Christus auferweckt von den Toten als Erstling unter denen, die entschlafen sind.«
227 Vgl. das Jesuswort in Joh 14,19: »Ich lebe, und ihr sollt auch leben.«
228 Vgl. Ulrich Körtner, Die letzten Dinge, Neukirchen 2014, 167 ff.
229 Vgl. Eberhard Jüngel, Tod, Stuttgart 1971.
230 Körtner, Die letzten Dinge, 170.
231 Vgl. Uwe Swarat, Jenseits des Todes – Unsterblichkeit der Seele oder Auferstehung des Leibes? In: Ders./Thomas Söding, Gemeinsame Hoffnung – über den Tod hinaus. Eschatologie im ökumenischen Gespräch, Freiburg 2013, 13–35; Franz-Joseph Nocke, Hoffnung über den

hinsichtlich der menschlichen Identitätskriterien und der Bedingungen einer Fortexistenz.[232] Die christliche Auferstehungshoffnung als Hoffnung auf ewiges Leben gewinnt demnach an Plausibilität, wenn der Mensch auch über seinen Tod hinaus als Subjekt gilt. Folglich kann die Fortexistenz der Seele als Sitz der menschlichen Subjektivität als Bedingung dafür aufgefasst werden, dass die personale Identität des verstorbenen Menschen auch im ewigen Leben erhalten bleibt. Im Gegensatz zur Ganztodhypothese wird Auferstehung dann im Zusammenhang mit einer durchgehenden Kontinuität des individuellen Lebens in Form einer unsterblichen und immateriellen Seele gedacht.

Auf die Vielzahl der teils widersprüchlichen, aber auch komplementären theologischen Vorstellungsmodelle hinsichtlich eschatologischer Bilder und Aussagen kann an dieser Stelle lediglich hingewiesen werden. Letztendlich handelt es sich dabei jedoch um unterschiedliche Ausdrucksformen derselben Jenseitsperspektiven, zumindest im Bereich des Christentums. Dabei gehört der Glaube an ein Gerechtigkeit stiftendes Gericht am Jüngsten Tag ebenso zu den Kernaussagen der christlichen Hoffnung wie das Vertrauen auf die Erlösung und die Auferstehung zum ewigen Leben durch den Glauben an Jesus Christus.

Das christliche Verständnis vom Leben nach dem Tod muss gegenwärtig nicht nur gegenüber säkularen Strömungen, sondern auch im interreligiösen Dialog artikuliert werden. Insbesondere verweisen die Vorgaben der Bildungspläne auf das Gespräch und den Vergleich zwischen Auferstehungs- und Reinkarnationsglauben.[233] Ursprünglich in den fernöstlichen Religionen verwurzelt, findet die Vorstellung einer Wiedergeburt zunehmend auch in westlichen Gesellschaften Verbreitung. Für neue Formen von individualisierter Religiosität stellen christliche Überzeugungen und der Reinkarnationsgedanke häufig keinen Widerspruch dar, sondern es wird versucht, beides miteinander zu kombinieren – ganz im Gegensatz zum konfessionsübergreifend-christlichen Standpunkt, dass sich Auferstehungs- und Reinkarnationsglaube gegenseitig ausschließen. Während

---

Tod hinaus. Diskussionen und Wandlungen in der neueren Eschatologie. In: Tobias Kläden (Hg.), Worauf es letztlich ankommt. Interdisziplinäre Zugänge zur Eschatologie, Freiburg 2014, 204–222.
232 Vgl. Theodor Mahlmann, Auferstehung der Toten und ewiges Leben. In: Konrad Stock (Hg.), Die Zukunft der Erlösung. Zur neueren Diskussion um die Eschatologie, Gütersloh 1994, 108–131; Godehard Brüntrup/Matthias Rugel/Maria Schwarz (Hg.), Auferstehung des Leibes – Unsterblichkeit der Seele, Stuttgart 2010; Thomas Schärtl, »Vita mutatur, non tollitur«. Zur Metaphysik des Auferstehungsgedankens. In: Kläden, Worauf es letztlich ankommt, 125–149.
233 Vgl. Franz-Joseph Nocke, Der Glaube an die Auferstehung und die Idee der Reinkarnation. Überlegungen zu ihrer Vereinbarkeit. In: Hans Kessler (Hg.), Auferstehung der Toten. Ein Hoffnungsentwurf im Blick heutiger Wissenschaften, Darmstadt 2004, 279–295; ders., Was können wir hoffen? Zukunftsperspektiven im Wandel, Würzburg 2007.

die Auferstehungshoffnung in jeweils eigener, religionsspezifischer Ausprägung zu den Gemeinsamkeiten von Judentum, Christentum und Islam gezählt werden kann, entstammt der Reinkarnationsgedanke der Religionskultur Indiens und ist insbesondere im Buddhismus beheimatet. Aus theologischer Sicht ist die reinkarnatorische Lehre weder mit dem christlich-biblischen Bild vom Menschen als einmaligem und unverwechselbarem Geschöpf und Ebenbild Gottes noch mit der christlichen Jenseitserwartung in Einklang zu bringen. Körtner sieht in gegenteiligen Behauptungen gar »eine gewaltsame Interpretation einzelner Bibelstellen, die von der Wiedergeburt oder der Wiederkehr des Elia am Ende der Zeiten handeln«[234]. So steht etwa die neutestamentliche Rede von der Wiedergeburt in Joh 3,3–5 keineswegs mit dem Reinkarnationsglauben in Verbindung, sondern steht vielmehr bildhaft für die Neuwerdung des Menschen im Glauben an Christus und im Vollzug der christlichen Taufe. Freilich dürfen jedoch auch ein solch eindeutiger theologischer Standpunkt und eine dialogbereite Haltung nicht gegeneinander ausgespielt werden, auch nicht im Blick auf die Jugendlichen und deren Jenseitsvorstellungen. Gerade im Religionsunterricht muss aber die unterschiedliche Bedeutung solcher Vorstellungen deutlich werden, einschließlich ihrer Implikationen für das Verständnis menschlicher Existenz. Die buddhistische Lehre von dem durch das Karma bestimmten Leben ist auf den ersten Blick attraktiv, erweist sich jedoch bei genauerer Betrachtung als eher gnadenlose Form eines Gerichts, das zu einem Leben in niedrigen Existenzformen führen kann. Ein Dialog zwischen sich mitunter diametral unterscheidenden religiösen Sichtweisen kann deshalb nicht auf deren inhaltliche Übereinstimmung im Sinne einer bloßen Betonung von Gemeinsamkeiten abzielen, sondern muss das gegenseitige Verständnis sowie auch das Aushalten von bleibenden Spannungen und Widersprüchen in den Mittelpunkt stellen.

8.3 Der Tod gehört zum Leben – und was kommt danach? Elementare Erfahrungen

Ist es wirklich notwendig, mit Schülerinnen und Schülern über Sterben, Tod und die Hoffnung auf ein Leben danach zu sprechen? Ist es nicht besser, dieses Thema auszusparen – wo es doch sogar Erwachsenen schwerfällt, damit offen umzugehen?

Meist schon im frühen Alter machen Kinder Erfahrungen mit dem Tod. Sie begegnen ihm nicht nur in den Medien, sondern auch innerhalb ihrer eigenen Lebens- und Erfahrungswelt: Das Haustier lebt plötzlich nicht mehr, ein

---

[234] Körtner, Die letzten Dinge, 196.

tragischer Unfall oder eine lebensbedrohliche Naturkatastrophe ereignen sich, Angehörige oder Freunde kämpfen mit einer tödlichen Krankheit, die eigenen (Ur-)Großeltern sind verstorben. Aber auch abgesehen von solchen Schicksalsschlägen machen Kinder schon früh die Erfahrung, dass Menschen sterben. Oftmals führt ihre kindliche Unbefangenheit dazu, Fragen zu stellen, die mitunter kaum zu beantworten sind: Was passiert, wenn jemand stirbt? Wohin gehen wir, wenn wir sterben? Kommen wir in den Himmel und werden wir auch dort eine Familie sein?

Auch wenn es mit zunehmendem Lebensalter eher schwerer zu fallen scheint, offen darüber zu sprechen, beschäftigen sich auch und gerade Jugendliche mit derartigen Fragen. Mehr noch als im frühen Kindesalter suchen sie nach Hoffnung, Orientierung und dem Sinn des Lebens, wenn beispielsweise ein plötzlicher Todesfall die Schulgemeinschaft erschüttert. Der gegenseitige Zuspruch, dass mit dem Sterben nicht alles zu Ende ist, sowie der Gedanke an ein Weiterleben nach dem Tod sind dann die einzig tragenden Hoffnungsperspektiven inmitten der Fassungslosigkeit und Hilflosigkeit. Wie nicht zuletzt die zunehmend medial-öffentlichen Formen[235] der Anteilnahme in einem Trauerfall belegen, sind die Vorstellungen der Jugendlichen von einem Leben nach dem Tod jedoch häufig vage und setzen sich gleichsam synkretistisch aus einer vielfältigen Kombination unterschiedlicher religiöser und spiritueller Bilder zusammen. Während also weniger damit zu rechnen ist, dass der christliche Auferstehungsglaube einen festen Sitz im Leben der heutigen Jugendlichen einnimmt, so gilt dies dennoch unzweifelhaft für eine generelle, wenn auch oftmals wenig konkrete Hoffnungsperspektive auf ein Leben nach dem Tod.

8.4 Abstrakter Glaube an ein Leben nach dem Tod: Elementare Zugänge

Die angesprochene Wahrnehmung, dass weniger ein konkreter Auferstehungsglaube im christlichen Sinn als vielmehr eine allgemeine Überzeugung von einem Leben nach dem Tod bei der Mehrzahl der Jugendlichen vorherrschend ist, verweist bereits auf die in diesem Abschnitt zu beleuchtenden Zugangsweisen. Wie verhält es sich mit den religiösen Einstellungen Jugendlicher? Welche Vorstellungen teilen sie hinsichtlich der Frage, was nach dem Tod kommt? Wie entwickeln sich ihre individuellen Überzeugungen und ihre Einschätzung des christlichen Auferstehungsglaubens?

---

235 Vgl. Thomas Klie/Ilona Nord (Hg.), Tod und Trauer im Netz. Mediale Kommunikationen in der Bestattungskultur, Stuttgart 2016.

Empirische Studien liefern zumindest teilweise die nötigen Erkenntnisse zu diesen Fragen. Zum Teil handelt es sich zwar um ältere Befunde, die aber noch immer aufschlussreich sind. Einer Umfrage von Thiede[236] zufolge glaubten 15 % der befragten Schülerinnen und Schüler, dass mit dem Tod alles aus sei, während knapp 78 % dies verneinen. Davon beriefen sich mit wiederum 25 % die meisten der Befragten auf die Vorstellung einer unsterblichen Seele, während die übrigen ihre Hoffnung auf den Himmel und auf die Nähe zu Gott sowie Vorstellungen einer Wiedergeburt oder von Auferstehung (4 %) zum Ausdruck brachten. Beachtliche 90 % der von Kuld/Rendle/Sauter[237] befragten katholischen Schülerinnen und Schüler teilten zwar die Vorstellung eines Lebens nach dem Tod, wohingegen der Glaube an eine Auferweckung der Toten durch Gott mit immerhin 36 % unter Hauptschülern, aber lediglich 15 % an der Berufsschule auf eine deutlich geringere Zustimmung traf. Die Vorstellungen von Auferstehung, Unsterblichkeit der Seele und Wiedergeburt waren dabei offenbar nicht immer trennscharf zu benennen.

Im Rahmen ihrer zweiten Studie zur Konfirmandenarbeit befragten Schweitzer u. a. Jugendliche über einen Zeitraum von knapp drei Jahren hinweg.[238] Während eine zunehmende Ablehnung gegenüber einzelnen christlich-religiösen Überzeugungen wie dem Schöpfungs- und dem Gottesglauben, aber auch gegenüber der Auferstehung Jesu festzustellen war, wuchs zugleich die Zustimmung zu einem Leben nach dem Tod um 9 Prozentpunkte auf 67 %. Diese Überzeugung scheint demnach im Verlauf des Jugendalters deutlich an Plausibilität zu gewinnen. Die Tatsache jedoch, dass der Auferstehungsglaube (»Jesus ist auferstanden«) unter den befragten Jugendlichen im selben Zeitraum um 6 Prozentpunkte auf insgesamt 51 % abnahm, erweckt den Eindruck, dass die inhaltlichen Vorstellungen hinsichtlich eines Lebens nach dem Tod meist diffus und unkonkret bleiben und sich weniger an kirchlichen oder religiösen Lehrinhalten ausrichten. Denselben Schluss lässt eine Studie von Feige/Gennerich über die Lebensorientierungen von Berufsschülerinnen und Berufsschülern zu, welcher zufolge 70 % der befragten Jugendlichen zwar durchaus mit einem Leben nach dem Tod rechneten, sich aber kaum auf eine bestimmte religiöse Vorstellung davon festlegen mochten.[239] Die Studie »Jugend – Glaube – Religion«

---

236 Vgl. Thiede, Auferstehung der Toten, 272–285.
237 Vgl. Kuld/Rendle/Sauter, Tod – und was dann?
238 Vgl. Schweitzer u. a., Jugendliche nach der Konfirmation, insb. 46 ff.
239 Vgl. Andreas Feige/Carsten Gennerich, Lebensorientierungen Jugendlicher. Alltagsethik, Moral und Religion in der Wahrnehmung von Berufsschülerinnen und -schülern in Deutschland, Münster u. a. 2008.

unterstreicht dabei erneut, dass das Thema »Sterben und Tod« vielen Jugendlichen besonders wichtig ist.[240]

Angesichts der aus der Religionspsychologie und der Jugendforschung seit langem bekannten Tatsache, dass sich der Glaube und die religiösen Einstellungen im Jugendalter mehrfach verändern, ist aus diesen Ergebnissen nicht unmittelbar auf einen generellen Traditionsabbruch oder auf einen gesellschaftlich unaufhaltsam um sich greifenden religiösen Synkretismus zu schließen. Psychologische Theorien sowohl aus dem psychoanalytischen als auch aus dem kognitionspsychologischen Bereich verweisen übereinstimmend auf ein zu erwartendes, zunehmend kritisches und kritisch-reflektiertes Verhältnis zum Glauben.[241] Im Zuge dessen werden im wissenschaftlichen Diskurs »die vom Glauben und insbesondere vom Kinderglauben distanzierenden Wirkungen einer kritischen Reflexion« betont; komplementär dazu wird aber auch auf einen »Prozess der persönlichen Aneignung oder jedenfalls der persönlichen Ausgestaltung der eigenen Glaubensüberzeugungen«[242] hingewiesen, welcher durch derartige Auseinandersetzungen mit lebensgeschichtlich bislang häufig unreflektiert übernommenen Auffassungen in Gang gebracht werden kann.[243] In diesem Sinne ist aus den sich verändernden religiösen Einstellungen Jugendlicher nicht zwingend auf ein Abbruchverhalten zu schließen. Vielmehr kann darin auch ein lebensgeschichtlich bedingter Wandel wahrgenommen werden, der mit der Persönlichkeitsentwicklung im Jugendalter einhergeht.

Die Art und Weise, in der Jugendliche inmitten dieser bedeutsamen Entwicklungsphase auch und gerade religionspädagogische Begleitung erfahren, stellt wohl ebenfalls einen einflussreichen Faktor auf das Gesamtverhältnis der einzelnen Jugendlichen zum christlichen Glauben dar. Im religionsunterrichtlichen Kontext ist davon auszugehen, dass als vorgegeben wahrgenommene Lehr- und Lerninhalte, zu denen auch der christliche Auferstehungsglaube gehört, als abstrakt und mitunter indoktrinierend empfunden und folgerichtig nicht kritiklos hingenommen werden. Die Tatsache, dass die Hoffnung auf eine Auferstehung der Toten allen nüchternen Erfahrungsgehalten und jeglicher – gerade im Jugendalter an Bedeutung gewinnender – naturwissenschaftlich orientierter Vernunft zu widersprechen scheint, kann jedoch religionsdidaktisch

---

240 Vgl. Schweitzer u. a., Jugend – Glaube – Religion, 82.
241 Vgl. dazu Friedrich Schweitzer, Lebensgeschichte und Religion. Religiöse Entwicklung und Erziehung im Kindes- und Jugendalter, Gütersloh ⁸2016.
242 Schweitzer u. a., Jugendliche nach der Konfirmation, 45 f.
243 Vgl. dazu Christian Smith/Melinda Denton, Soul Searching: The Religious and Spiritual Lives of American Teenagers, New York 2005; Lisa Pearce/Melinda Denton, A Faith of Their Own: Stability and Change in the Religiosity of America's Adolescents, New York 2011.

insofern als Chance verstanden werden, als Ablehnung, Widerspruch und Diskussionsbedarf aufseiten der Schülerinnen und Schüler somit von vorneherein als fester Bestandteil des Themas aufgefasst und im Unterrichtsgeschehen entsprechend aufgenommen werden können. Dabei ist es wesentlich, die Fragen der Schülerinnen und Schüler ernst zu nehmen und ihre Zweifel »nicht als Anfrage der Vernunft *gegen* die christliche Überzeugung bzw. die biblische Botschaft zu begreifen, sondern als ihr inhärente Perspektive«[244]. Da die christliche Hoffnung auf ein Leben nach dem Tod und der damit untrennbar verbundene Auferstehungsglaube einer bloß innerweltlichen Logik zuwider laufen, weder naturwissenschaftlich bewiesen noch historisch belegt, sondern allein bezeugt oder bekannt werden können, werden sich religionspädagogische Bemühungen sowohl aus theologischen als auch aus pädagogischen Gründen niemals eine rationale Durchdringung oder vernunftbasierte Nachvollziehbarkeit des Auferstehungsgeschehens zum unterrichtlichen Ziel setzen dürfen. Darüber hinaus ist in diesem Kontext auf den klaren Zusammenhang zwischen den Vorstellungen hinsichtlich eines Lebens nach dem Tod und den Gottesvorstellungen der Jugendlichen zu verweisen, den Streib und Klein in ihrer Studie zu den Todesvorstellungen Jugendlicher betonen:

> »Wer eine Vorstellung von Gott als Helfer und Retter hat, glaubt mit sehr hoher Wahrscheinlichkeit auch an ein Weiterleben im Himmel und lehnt die Aussage ab, dass mit dem Tod das Leben einfach aufhört. Entsprechend wirkt sich auch die Gewissheit der Liebe Gottes auf die Todesvorstellungen aus. Umgekehrt zeigt sich ein deutlicher Zusammenhang zwischen Indifferenz in Bezug auf ein unpersönliches Gottesbild und der Verneinung eines Weiterlebens im Himmel bzw. der Auffassung, dass mit dem Tod alles aus ist.«[245]

Diese empirisch erfassten Zusammenhänge lassen deutlich werden, dass das Thema »Leben nach dem Tod« im Religionsunterricht nicht als isolierte Unterrichtseinheit zu betrachten und zu unterrichten ist, sondern stets auch im Kontext anderer religionsunterrichtlicher Themen wahrgenommen werden muss. Dabei ist insbesondere die Verbindung zum biblischen Gottesbild bedeutsam, welches gleichsam die Voraussetzung für ein im christlichen Sinne hoffnungsstiftendes Verständnis hinsichtlich eines Lebens nach dem Tod darstellt.

---

244 Uta Pohl-Patalong, Kaum zu glauben und doch so wichtig. Auferstehung als Thema im Religionsunterricht. In: Was letztlich zählt, 205–214, 210.
245 Heinz Streib/Constantin Klein, Todesvorstellungen von Jugendlichen und ihre Entwicklung. Ein empirischer Beitrag. In: Was letztlich zählt, 50–75, 70 f.

8.5 Was dürfen wir selbst hoffen? Elementare Wahrheiten

Die Frage, ob und wie es nach dem Tod weitergeht, bewegt jeden Menschen – ebenso wie die damit unweigerlich verbundene Unsicherheit. Das mitunter große Interesse an Berichten zu sogenannten Nahtoderfahrungen zeigt, wie ausgeprägt das menschliche Streben und der Wunsch nach ein wenig mehr »postmortaler Gewissheit« zu sein scheinen. Doch der Glaube an ein Leben nach dem Tod bemisst sich nicht an belegbaren Fakten oder beweisbaren Tatsachen, und auch die christliche Auferstehungshoffnung lässt sich nicht rein historisch ergründen. Während also die erste der nach Kant grundlegenden drei philosophischen Grundfragen – »Was kann ich wissen? Was darf ich hoffen? Was soll ich tun?« – im Blick auf ein Leben nach dem Tod für menschliche Verhältnisse nicht im vollen Umfang zufriedenstellend beantwortet werden kann, eröffnet sich hinsichtlich der zweiten Frage, was wir begründet hoffen dürfen, ein unermesslich weiter Horizont. Unabhängig von bestimmten religiösen Prägungen und inhaltlichen Ausgestaltungen baut der christliche Glaube an ein Leben nach dem Tod auf nichts Geringeres als auf die Hoffnung, dem Tod die Schrecken seiner Endgültigkeit zu nehmen und ihn letztendlich zu überwinden. Angesichts der Kritik an einem »Vertröstungsglauben« wird dabei häufig vernachlässigt, dass auch in einer vorwiegend auf das Jenseits gerichteten Hoffnung bereits tröstliche Perspektiven für den Umgang mit den gegenwärtigen existenziellen Fragen begründet liegen können. Insofern kann mit Blick auf die dritte der genannten philosophischen Grundfragen gesagt werden, dass der Glaube an ein Leben nach dem Tod eine wesentliche Bestimmung in der Bedeutung für das gegenwärtige Leben und Handeln zu finden vermag. Es macht einen großen Unterschied, wenn das Leben nicht einfach als »letzte Gelegenheit« genutzt werden muss.[246]

In der christlichen Rede von der Auferstehung kann sich bei Weitem nicht nur eine Hoffnung für das Leben jenseits des Todes eröffnen – etwa im Sinne einer bloßen »Jenseitsvertröstung« –, sondern darüber hinaus auch bereits eine Lebensorientierung für die diesseitige Existenz. Als bereits im Hier und Jetzt sichtbar gewordene Hoffnung im Diesseits und für die Gegenwart kann sich der Glaube an ein Leben nach dem Tod als in ethischer Hinsicht leitend, wegweisend und orientierungsstiftend erweisen und unsere Urteils- und Handlungsmuster unmittelbar und nachhaltig beeinflussen. Inwiefern bestimmen meine Vorstellungen, Überzeugungen und Hoffnungen im Blick auf ein Leben

---

246 Vgl. Marianne Gronemeyer, Das Leben als letzte Gelegenheit. Sicherheitsbedürfnisse und Zeitknappheit, Darmstadt ²1996.

nach dem Tod vielleicht sogar, wer ich in meinem Leben *vor* dem Tod bin – d. h., wie ich mein gegenwärtiges und irdisches Leben konkret gestalte, wie ich denke, fühle und handle?

In diesem Sinne sollten die unterschiedlichen eschatologischen Vorstellungen im Religionsunterricht ausdrücklich auf ihre Konsequenzen hin befragt werden: Welche Überzeugungen und Glaubenseinstellungen tragen tatsächlich angesichts des eigenen Todes oder des Todes nahestehender Menschen? Welche Vorstellungen können sich als kraftvolle Hoffnungsquellen erweisen, wenn die Ungeheuerlichkeit des Todes alle Kraft zu rauben droht? Und welche Bilder veranschaulichen diese Hoffnung am überzeugendsten? Selbstverständlich sind religiöse Einstellungen, wie sie in der Beantwortung solcher Fragen zutage treten, niemals als Gegenstand von operationalisierten Lernzielen, sondern stets als bekenntnisbezogene Ausdrucksformen persönlicher Glaubensüberzeugungen aufzufassen. Eine dialoghafte Öffnung des Unterrichtsgeschehens, die transparenten Austausch, Diskussionen und Rückfragen gleichermaßen ermöglicht und der sich auch die Lehrperson mit ihren eigenen Überzeugungen und Grundfragen nicht entzieht, kann den Lernprozess dabei positiv begleiten.

8.6 Bildhafte Hoffnungsperspektiven: Elementare Lernformen

Dem Bildungsanspruch des Religionsunterrichts kann der Versuch einer auf bloße Bekenntniswiedergabe abzielenden Unterrichtspraxis ebenso wenig genügen wie eine reine Information über verschiedene Jenseitsvorstellungen. Vielmehr sind gerade bei diesem Thema biblische und individuelle Narration miteinander zu verbinden und im Sinne eines jugendtheologischen Gesprächs über die Hoffnung auf die Überwindung des Todes tröstliche und orientierungsstiftende Perspektiven auf ein Leben nach dem Tod zu eröffnen. Im Zuge einer didaktischen Schwerpunktsetzung können zu diesem Zweck biblische Auferstehungserzählungen, reinkarnatorische Vorstellungen, Berichte von Nahtoderlebnissen[247] etc. einander gegenübergestellt, auf ihren Hoffnungsgehalt und ihre Konsequenzen auch für das diesseitige Leben hin befragt und reflektiert sowie mit den persönlichen Überzeugungen der Jugendlichen ins Gespräch gebracht werden. Hilfreiches Anschauungsmaterial für den Unterricht kann aus dem weiten Feld der Kinder- und Jugendliteratur herangezogen werden.[248] Auch

---

247 Vgl. bspw.: Albert Biesinger, Was sind eigentlich »Nahtoderfahrungen«? In: Ders./Helga Kohler-Spiegel/Simone Hiller (Hg.), Gibt es ein Leben nach dem Tod? Kinder fragen – Forscherinnen und Forscher antworten, München 2017, 23–29.
248 Vgl. Mirjam Zimmermann, Und was kommt nach dem Tod? (Transzendentale) Experimente in Kinder- und Jugendbüchern zum Thema Sterben und Tod. In: entwurf 2/2010, 59–60.

das Lesen einer geeigneten Ganzschrift sowie der Einsatz eines entsprechenden Films kommen als Unterrichtsformen in Frage. Darüber hinaus erscheint es aufschlussreich, verschiedene Todesanzeigen aus Tageszeitungen oder auch Grabinschriften im Rahmen einer Friedhofsexkursion in Augenschein zu nehmen und die darin zum Ausdruck kommenden Vorstellungen und Hoffnungsbilder zum Leben nach dem Tod des oder der Verstorbenen zu beleuchten. Gerade bei Jugendlichen erweist sich auch das Internet zunehmend als Ort einer neuen Bestattungskultur und als Quelle zur Visualisierung des Umgangs mit Tod, Trauer, Jenseitsvorstellungen sowie Suchbewegungen in Richtung Transzendenz.

In Anbetracht des Bilderreichtums der gesamten Thematik und insbesondere des christlichen Auferstehungsglaubens ist es naheliegend, Gleichnisse und Bilder zur Veranschaulichung und Versprachlichung von Hoffnungsperspektiven und Vorstellungen eines Lebens nach dem Tod heranzuziehen sowie darüber hinaus auch die Schülerinnen und Schüler zur Entwicklung eigener Bilder zu ermutigen. In eben diesem Zusammenhang muss sodann die dem Thema gleichsam inhärente und nicht zu überwindende Bildhaftigkeit ins Bewusstsein gerückt werden, durch die aus menschlich-diesseitiger Perspektive lediglich eine Annäherung an eschatologische Fragen versucht werden kann – aber »ohne solche Versuche müsste die christliche Hoffnung in der ›Nacht der Bildlosigkeit‹ (Emanuel Hirsch) versinken und verstummen«.[249]

---

[249] Körtner, Die letzten Dinge, 203.

8.7 Wurden die Ziele erreicht? Evaluation

Folgende Aufgabenstellungen lassen erkennen, ob die gewünschten Kompetenzen unterstützt wurden:

1. Hast du dir selbst schon einmal Gedanken darüber gemacht, was nach dem Tod kommen könnte? Warum meinst du, fällt es vielen Menschen schwer, darüber zu sprechen?
2. In einer Talkshow findet ein Gespräch zwischen einem Christen, einem Buddhisten und einem Atheisten statt, die sich über ihre jeweiligen Vorstellungen davon unterhalten, wie es nach dem Tod weitergeht. Schreibt das Drehbuch für eine fiktive Diskussionsrunde.
3. a) Lest, interpretiert und beurteilt folgende selbstverfasste Grabinschrift von Benjamin Franklin (oder etwas Vergleichbares):

»*Hier liegt der Leib Benjamin Franklins, eines Buchdruckers, gleich dem Einband eines alten Buches, sein Inhalt herausgerissen und des Titels wie der Vergoldung beraubt, eine Speise für die Würmer; doch soll das Werk nicht verloren sein, sondern es wird, wie er glaubte, noch einmal in einer neuen, schöneren Ausgabe erscheinen, berichtigt und ergänzt von seinem Schöpfer.*«

b) Inwiefern kann die von Franklin zum Ausdruck gebrachte christliche Auferstehungshoffnung wohl bereits Auswirkungen auf das Leben im Hier und Jetzt haben? Inwiefern machen buddhistische, atheistische und andere Vorstellungen einen Unterschied?

4. Anhand von Schilderungen zu Nahtoderfahrungen oder Untersuchungen zu einem Leben nach dem Tod[250]: Was beweisen solche Berichte?

---

250 Vgl. bspw.: https://wize.life/themen/wissen/49251/schockierende-studie-ja-es-gibt-ein-leben-nach-dem-tod---und-so-sieht-es-aus (abgerufen am 06.09.2018).